［英］温斯顿·丘吉尔—著　　李国庆等—译

CHURCHILL'S MEMOIRS OF WORLD WAR II
丘吉尔二战回忆录

困兽之斗

SPM 南方传媒 ｜ 广东人民出版社

·广州·

图书在版编目（CIP）数据

困兽之斗 /（英）温斯顿·丘吉尔著；李国庆等译.

广州：广东人民出版社，2024. 8. --（丘吉尔二战回忆

录）. -- ISBN 978-7-218-17981-0

Ⅰ. K835.617=5 ; K152

中国国家版本馆 CIP 数据核字第 20242180TM 号

QIUJI'ER ERZHAN HUIYILU · KUNSHOU ZHI DOU

丘吉尔二战回忆录·困兽之斗

[英] 温斯顿·丘吉尔 著 李国庆等 译

出 版 人：肖风华

责任编辑：范先鋆 戴璐琪
责任技编：吴彦斌
封面设计：贾 莹

出版发行：广东人民出版社
地 址：广州市越秀区大沙头四马路 10 号（邮政编码：510199）
电 话：（020）85716809（总编室）
传 真：（020）83289585
网 址：http://www.gdpph.com
印 刷：三河市人民印务有限公司
开 本：787 毫米 × 1092 毫米 1/16
印 张：12.25 **字 数：**180 千
版 次：2024 年 8 月第 1 版
印 次：2024 年 8 月第 1 次印刷
定 价：68.00 元

如发现印装质量问题，影响阅读，请与出版社（020-87712513）联系调换。
售书热线：（020）87717307

《丘吉尔二战回忆录》 译者

（排名不分先后）

李国庆	张　跃	栾伟霞	曾钰婷	刘锡赟	张　妮
李楠楠	汤雪梅	赵荣琛	宋燕青	赖宝滢	张建秀
夏伟凡	王　婷	江　霞	王秋瑶	郑丹铭	姜嘉颖
郭燕青	胡京华	梁　楹	刘婷玉	邓辉敏	李丽枚
郭轶凡	郭伊芸	韩　意	李丹丹	晋丹星	周园园
王瑨珽					

战争时： 意志坚定

战败时： 顽强不屈

胜利时： 宽容敦厚

和平时： 友好亲善

致 谢

对于全力协助我完成前几卷的陆军中将亨利·波纳尔爵士、海军准将艾伦、迪金上校、丹尼斯·凯利先生和伍德先生，我必须再次表达我的谢意。同时，也向不遗余力地审阅原稿并提出建议的众多人士致谢。

空军元帅盖伊·加罗德爵士为我提供有关空军方面的资料，在此表示感谢。

伊斯梅勋爵以及其他朋友也锲而不舍地给予我帮助。

承蒙英王陛下政府准予，我复制了版权归属于英王陛下政府文书局的一些官方文件，特此致谢。遵照英王陛下政府的指示，为保密起见，我改述了本卷①所刊载的某些电文，但并未改变原来的含义或实质。

感谢罗斯福财物保管理事会允许我在本卷中引用罗斯福总统的一些电文。还有对那些同意发表其私人信件的人，在此也一并致谢。

---

① 原卷名为"收紧包围圈"，现分为《步步为营》《四面楚歌》《德黑兰聚首》《困兽之斗》四册。——编者注

前　言

在上一卷（《陈兵太平洋》《进犯南亚》《攻守易形》《营救非洲》《非洲的胜利》《形势逆转》）中，我阐述了从1942年冬至1943年春，我军经历关键性的转折，拨开云雾见月明。本卷（《步步为营》《四面楚歌》《德黑兰聚首》《困兽之斗》）则记载了从1943年6月开始为期一年的战事。我军掌握了制海权，钳制了德国潜艇，空中优势已无人能及。西方盟国拿下西西里，占领意大利，墨索里尼政府倒台，意大利投怀送抱，为我所用。苏联从东面强攻，希特勒所占领的国家已经陷入包围之中，孤立无援。与此同时，日本也被迫陷入守势，无力挽留它的疆土。

目前同盟国面临的危机不是战败而是僵持。他们迫切需要进攻这两大侵略者的国土，从敌人的魔爪下解放饱受压迫的人民。英美两国就这个世界性难题于夏季在魁北克和华盛顿召开会议。11月，三位核心盟友在德黑兰再次聚首。为了实现共同目标，我们都有赴汤蹈火的决心，但在方法和重心的问题上却莫衷一是，毕竟各国的立场不同。现在我将讲述三国如何在重大问题上达成共识，故事要追溯到罗马的解放和英美联合跨越海峡登陆诺曼底的前夕。

我将沿用在前几卷中使用的叙述方法，仅从英国首相和国防大臣的立场，为历史添砖加瓦，我当时写的指令、电报和备忘录可作为客观有效的依据。有人提议，上述文书的回复也应该附上。但我觉得有必要缩减和精选文字工作，为了体现故事的完整性，最后一卷即将出版，仓促之中未能照顾到各位的高见，我只能在此致以歉意。

书中所述之事已过去七年了，国际关系也已重新洗牌。过去的盟友如今心存芥蒂，新一轮的更浓密的乌云聚拢起来。曾经的敌人却握手言和，甚至称兄道弟。本卷所引电文、备忘录和会议报告中夹带的某些情绪和语句可能会令别国的读者感到不快。我只能提醒他们，这些文件具有历史价值，且当时处于激烈的恶战中。面临生死攸关的时刻，没有人会对敌人好言好语。另一方面，如果美化这些激烈的言辞，就无法呈现真实的历史。时间和真相会治愈一切伤痛。

温斯顿·丘吉尔

于肯特郡，韦斯特勒姆，恰特韦尔庄园

1951 年 9 月 1 日

目 录
CONTENTS

第一章

ONE

突袭安齐奥

卡西诺前线的惨烈战斗——灾难性停军——凯塞林的危急处境——再袭卡西诺——失望与伤亡——德军意图将我们赶下海去——赢得致命一战——凯塞林接受失败——史末资元帅 2 月 23 日的来电——从法国调往意大利的德国精锐部队

1 月份的头几周，我们正在为"鹅卵石"作战计划（安齐奥战役的代号）紧锣密鼓地筹备着，第五集团军也采取了初步行动，来转移敌军的注意力，引诱敌人的后备军离开滩头阵地。为了达到这一目的，第五集团军发动了一系列进攻，意图渡过加里利亚诺河和拉皮多河。与此同时，法军则从右翼迂回包抄，直取卡西诺防线的北部高地。战斗十分惨烈，敌人的意图很明显，就是要阻止我们突破古斯塔夫防线，这一防线以卡西诺为中枢，是敌军纵深防御地带的最后阵地。这片区域层峦叠嶂，防线上布满了构筑巧妙的钢筋混凝土工事，易守难攻。凭借着天险之利，敌人占据着制高点，山谷里一有行动，便可以用炮火压制。

在严冬发动了一系列初步袭击之后，第五集团军于 1 月 12 日展开主要进攻，与此同时，法军也从北部侧翼往前推进了十英里。三天后，美国第二军攻占特罗基奥山（通往利里河的最后一道屏障），并在横渡利里河后建立滩头阵地，遗憾的是未能守住。随后，英国第十军跨过加里利亚诺河下游，攻占明图尔诺以及卡斯特尔福特的外围地区，但随后受阻，无法继续向北推进。该军右翼部队也未能攻下圣安布罗吉奥。

然而，上述行动已经达到了预期的效果，成功地将敌人的注意力

从即将遭受袭击的薄弱的靠海侧翼转移，并诱使他们从后备军抽调三
个精锐师来修复当前局势。敌军朝英国第十军发动袭击，但并未见效。
截至 21 日下午，我方船队在飞机的掩护下，开始朝安齐奥进发。当日
的天气有利于隐蔽我们的船队。我们朝敌军机场，尤其是位于佩鲁贾
的德国空军侦察基地发动猛烈袭击，导致大量敌机无法起飞。凯塞林
的参谋长韦斯特法尔将军生动地描述了这些天来德军司令部的情况：

　　1 月 21 日，德国情报局局长卡纳里斯海军上将到访集团
军群司令部，我们敦促他传达手中掌握的任何有关敌军登陆
意向的情报。我们尤其想知道敌军航空母舰、战列舰和登陆
舰的状况。对此，卡纳里斯一无所知，但他认为近期敌军应
该不会发动新一轮登陆。这确实是他的想法。此时，德国的
空军侦察以及反间谍行动几乎彻底停顿。卡纳里斯离开几小
时后，敌军就在安齐奥登陆了。

＊　　＊　　＊

尽管很紧张，但我强压住内心的激动，等待着这场大战的结果。
我向斯大林致电如下：

　　我们已经向固守罗马的德国军队发起主要进攻，此前我
曾在德黑兰会议上同你讲过这一计划。目前的天气状况对我
们有利。我期望不久之后就能向你送去捷报。

1944 年 1 月 21 日

　　不久，我得知美国的卢卡斯将军已经率领第六军于 22 日凌晨两点
登陆安齐奥海滩，美国第三师从该城南面登陆，英国第一师则从北面
登陆。整个过程中，盟军几乎没有遭到抵抗，也几乎没有伤亡。午夜
时分，盟军已有三万六千人和三千多辆车登陆。当时在场的亚历山大

发来电报称："我们的登陆十分出乎意料。我再三强调要派出打击力很强的机动巡逻队大胆地向前推进，去打击敌人，但到目前为止，我还未收到有关他们的活动的报告。"对此行动，我完全赞成。我回复道："谢谢你带来的所有消息。我很高兴你没有选择在滩头止步不前，而是下令继续进攻。"

*　　*　　*

但灾难也随之来临，此次进攻的首要目标也因此沦为泡影。卢卡斯将军将所有武器和车辆运送上岸后，却开始巩固滩头阵地，止步不前。统领英国第一师的彭尼将军迫切地想要往内陆推进，但他的后备军却和大部队一起被困在沙滩上停滞不前。22日和23日，盟军朝奇斯泰尔纳和康波莱奥尼发动小规模试探性进攻，但远征军总司令并未下令向前推进。23日晚，两个师的全部人马及其配属队伍，其中包括两支英国突击队、美国突击队和伞兵部队，都已携带大批辎重登陆。滩头阵地的防御工事正在加强，但我们已经错过了千辛万苦换来的机会。

在此紧要关头，凯塞林立刻采取了行动。虽然他此前已经派遣大批后备军与我们在卡西诺一线对峙，但他还是调动一切可用力量，在四十八小时内集结了相当于两个师的兵力阻止我们继续前进。

德国将领韦斯特法尔对上述军队集结方式的评论很精辟。

敌军在罗马南边登陆时，我方只有两个营的海岸炮兵……当天，附近没有什么兵力可以前去打击敌人。通往罗马的道路已经敞开。倘若敌军的先锋队足够英勇，在此时朝圣城进发，那必定势不可挡。敌军登陆后，这样惊心动魄的局势持续了两日之久。两日之后，德国的应对措施终于奏效。为何如此？1943年12月，德国集团军群制定了一个全面的应急计划，这一计划覆盖了整个意大利。计划中详细说明了在何时、从何地、调集什么样的部队、从哪一条道路前来执行什么样的任务，以应对敌人在不同的地点可能发起的登陆。只要发出"理查德案件"这一代号便可以实施这些预定的计划。事实上，尽管亚平宁山脉地区的道路已经结冰，但大部分军队还是在规定的时间前到达指定地点。德军最高统帅部又从法国、南斯拉夫以及本国地区调来部队支援……出乎意料的是，敌军却按兵不动。很显然，他们忙于巩固滩头阵地。这样，我们便有时间重新组织防线来对抗敌人。这一防线由第十四集团军司令部负责指挥，该部队目前驻扎在意大利北部，由冯·马肯森上将统领。

凯塞林誓死要顶住我们对卡西诺的进攻，并未因侧翼的威胁而动摇。24 日，我们截获希特勒的指示，敌军的意图十分明显：

> 务必要不惜一切代价守住古斯塔夫防线，这场保卫战的彻底胜利将产生重大的政治影响。元首希望以最激烈的斗争来防守每寸土地。

德军也确实遵从了他的命令。

*　　*　　*

25 日，亚历山大报告称滩头阵地已相当稳固。美国第三师距奇斯泰尔纳四英里，英国第一师距康波莱奥尼两英里，整条战线上敌我双方冲突不断。27 日，危险的消息传来。奇斯泰尔纳和康波莱奥尼两处均未得手。警卫旅挫败了敌方步兵和坦克兵的反攻，但他们距离康波莱奥尼仍有约一英里半，美军仍在奇斯泰尔纳以南。亚历山大说他和克拉克将军对于现在的推进速度都不甚满意，克拉克将军已经前往滩头阵地。我的回复如下：

首相致亚历山大将军：

　　得知克拉克即将前往滩头阵地，我很欣慰。倘若你的部队被困在滩头阵地，大部队又无法向南推进，那形势将不容乐观。

　　　　　　　　　　　　　　　　　　　1944 年 1 月 28 日

然而，事态正在朝这一方向发展。

　　　　　　　　*　　　*　　　*

　　与此同时，我们依然在卡西诺阵地朝德军持续发起攻击。英国第十军将大部分敌军增援部队引到他们的前线，为了夺取俯瞰卡西诺的高地以包围敌军阵地，他们决定继续向北顺势推进。美国第二军跨过卡西诺上方的拉皮多河，右方的法军齐头并进，夺取卡斯特隆山和科勒马约拉。随后，他们往南向修道院山发起攻击，但德军增援已到，开始誓死抵抗。2 月初，第二军已经精疲力竭。亚历山大将军决定调来生力军，重振进攻势头。他已下令从亚得里亚海第八集团军抽调三个师，组建新西兰军，由弗赖伯格将军统率。事实上，此前第八军打算采取攻势将敌军困在他们的前线，因此被迫抽调不少于五个师的兵力来支持西海岸的战斗，并且在接下来的几个月只能转攻为守。

　　很显然，两条战线上即将展开大战，因此有必要调遣更多的军队。波兰第三喀尔巴阡师原定于 2 月初抵达主要战线。北非的第十八步兵旅和第一警卫旅在威尔逊将军的指挥下随时待命。截至 1 月 30 日，美国第一装甲师已经在安齐奥登陆，美国第四十五师也正在赶来的途中。所有这些行动都必须在障碍重重的滩地上或狭小的渔港进行。海军上将约翰·坎宁安致电称："我们当初在马拉喀什时曾设想用两到三个师闪电般地往前推进，然而现在的情况已经完全不同。但你放心，海军一定会竭尽全力，争取胜利。"日后海军的行动确实兑现了这一诺言。

　　卡西诺激战正酣，1 月 30 日，安齐奥的第六军发动总攻。盟军夺取了一些阵地，但美国第三师未能攻占奇斯泰尔纳，英国第一师也未能夺取康波莱奥尼。此时，在桥头堡登陆的盟军数量已经超过四个师，尽管我军对敌方交通线进行了空中打击，德军的增援部队依然快速而强劲。现在有八个师的敌军与我方对峙，此刻他们得以抽出时间来巩固阵地。我方夺取的阵地此刻已拥挤不堪，还饱受敌军炮火的困扰，此外，敌人在夜间发动的空袭致使我们停在海滩旁的舰只伤亡惨重。2月2日，亚历山大再一次巡视前线战场，给我发来一份详细的报告。德军已经加强抵抗，尤其是针对在奇斯泰尔纳的美国第三师和在康波莱奥尼的英国第一师。在攻占这些据点之前，我们无法继续发动进攻。过去的两三天里，第三师拼尽全力，想要攻下奇斯泰尔纳。士兵们已经疲惫不堪，然而距该镇仍有约一英里。第一师的一个旅仍在坚守康波莱奥尼火车站，但他们身处一个十分狭长的突出地带，此刻正遭受来自三方面的狂轰滥炸。亚历山大总结道："此刻，我们应该集各方之力全力突击，以切断敌人的主要供给线。我已传令下去，计划正在筹备中。"

亚历山大的命令还没来得及执行，敌军就于2月3日发动反攻，直指英军第一师所在的突出阵地。很显然，这只是一个前兆，更艰难的事情还在后面。威尔逊将军在报告中写道："我们的阵地已被包围，军队无法继续前进。"

对于安齐奥行动，我一直都有一些疑惑，详见下列电报：

首相致威尔逊将军（阿尔及尔）和地中海总司令：

1. 我不想在此大战正酣之际打扰亚历山大将军，但对于美国三军参谋长提出的疑问，我一点也不惊讶。针对以下三点问题，希望你能做出说明。第一，为什么第五〇四伞兵旅没有在安齐奥战役中按原定计划行动，为什么已有的英国伞兵旅在前线被当作普通步兵来使用？第二，盟军在登陆时没有遇到任何抵抗，但为什么不在登陆后的十二或二十四小时内占领高地？至少也应该攻占韦莱特里、康波莱奥尼和奇斯

泰尔纳这几个城镇。第三个问题是美国的三军参谋长问的：盟军登陆时，敌军开始撤退，为什么不趁机在主要战线上发动大规模袭击呢？

2. 在此前给亚历山大将军的电报中，我曾建议他考虑上述几点，并对继续使用营、连、排等部队开展小规模进攻表示反对。然而，我想再次强调，我不希望亚历山大将军在大战正酣之时，因为要给我回复或解释而分心。

1944 年 2 月 6 日

威尔逊将军回复说，因为克拉克将军最后时刻的一道命令，第五〇四伞兵旅经由海上而不是空中抵达。且由于步兵短缺，于是英国伞兵便被派往前线。关于我提到的第二个问题，他说上级并非没有催促，登陆后的四十八小时内，亚历山大和克拉克都曾前往滩头阵地催促他们发动进攻。尽管卢卡斯的行动出其不意，但他却没能抓住机会。这是由他的"萨勒诺情结"导致的，即要想取得胜利一定得先击退敌人必将发起的反攻。在美国第一装甲师的战斗队抵达之前，他没有把握取得胜利。威尔逊说，进攻的速度太慢了。他还解释了突破拉皮多河和卡西诺附近主要战线的困难。

地中海地区的马歇尔将军和我有着同样的顾虑，我将这份报告转交至华盛顿，同时还附上下面的评论：

首相致迪尔陆军元帅（华盛顿）：

是否要将这封报告转交给马歇尔将军，请你自行斟酌。……我的看法是，上级司令不应该"催促"行动，而是直接下达"命令"。

上述情况让我感到十分失望。然而，大量敌军涌到意大利南部战斗也会带来很大的好处，这样其他战场的敌军实力就弱了。此外，我们很有必要持续和敌人战斗，即便是一场消耗战也比袖手旁观地看着苏军战斗要好。我们要好好吸取

经验，以避免上述情况的再次发生，这对"霸王"计划的实施很有价值。

1944 年 2 月 8 日

＊　　＊　　＊

在登陆舰的运作方面，地中海舰队司令坎宁安上将的实际行动比他承诺的还要好。此刻，我直接向他提出了我的疑问：

首相致地中海总司令：

　　请分别上报七天和十四天内登陆安齐奥的车辆数量。如果不是太麻烦、太浪费时间的话，请将卡车、大炮和坦克的数量分开。

1944 年 2 月 8 日

他的回复十分及时，同时又令人惊讶。截至第七天，共有一万两千三百五十辆车登陆，其中包括三百五十六辆坦克；到第十四天的时候，登陆的车辆共计两万一千九百四十，包括三百八十辆坦克。这意味着登陆艇共运送三百一十五船次。有意思的是，截至第十四天，除了随船往返的四千辆卡车外，共有约一万八千辆车登陆安齐奥的滩头阵地，供七万人使用，其中也包括司机及车辆维修和保养人员。

我于 2 月 10 日回复道：

　　感谢你提供的信息。

　　在这片狭窄的区域上，这一万八千辆车有多少驾驶员和维修保养人员？肯定有很多驾驶员。得知敌军的步兵数量多于我们，我感到十分震惊。桥头阵地的最新配给是多少？请告知。

当天迟些时候，又有新的报告。威尔逊将军说，由于天气原因，空袭无法进行。英国第一师面临的压力很大，已经开始撤退，亚历山大正在计划补救。

这些消息让英美两国的人民失望万分。当然，我不知道卢卡斯将军接到的是什么命令，但基本原则一定是向前推进，与敌人交锋，而他从一开始就没打算这么做。我此前曾说过，我希望登陆的部队像一只野猫，但从现实情况来看，他们却像是一只搁浅的鲸鱼。截至登陆后的第十四天，沙滩上聚集了一万八千辆车，供七万人使用，平均每辆车不到四个人，还包括驾驶员和维修人员，然而，他们竟然没能往前推进十二英里或者十四英里，着实令人惊讶。就战斗力来说，我们显然要强于敌人，但敌人却能淡定自若地调遣军队并迅速地填补位于南方战线的缺口，这一切都给我们留下了深刻的印象。总之，上述信息都给"霸王"行动做了反面教材。

我给亚历山大发去电报：

首相致亚历山大将军：

……或许是由于你绝大多数时候都在和美国人打交道，我感觉你在行使自己的权力时有些犹豫，因此你只是敦促他们前进并没有下达命令。可你是有权命令他们前进的，我从美国最高当局得知他们是希望他们的军队能够收到直接的命令的。他们说美军的架构更像是普鲁士军队，而不是像英国那样温和，美国的指挥官都希望收到明确的命令并立即执行。因此，在给美军下命令的时候不要迟疑，把他们当作我们自己的士兵一样。美国人很好相处，好事坏事都能接受，既能享乐也能吃苦。

1944 年 2 月 10 日

亚历山大于 2 月 11 日回复道：

　　由于敌人迅速集结了充足的兵力来应对严重的局势，一开始充满希望的第一阶段行动已经结束。现在战争已经进入第二阶段，我们必须不惜一切代价击退敌人的反攻，并重组我们的军队，向内陆挺进，切断从罗马到南部的敌方交通线。我一定会尽力达成这些目标。第六军三十五个营的伤亡情况如下：截至2月6日，英军死亡二百八十五人，受伤一千三百七十一人，失踪一千零四十八人；美军方面，截至2月9日，共死亡五百九十七人，受伤二千五百零六人，失踪一千一百一十六人。九个突击营的伤亡情况也包括在内。英美两军伤亡总数为六千九百二十三人。对于你在电报末尾处给我的善意指示，我非常感激。我深知你以及英国国民的失望，我相信我们一定会达成之前定下的目标。

＊　　　＊　　　＊

　　2月16日，敌人按照事先所预期的那样朝我们发动大规模反攻，想从安齐奥地区把我们赶回海里。敌人出动了至少四个师的兵力，在四百五十五门大炮的支援下从康波莱奥尼向南挺进。进攻开始前，德军当众宣读了希特勒的特殊命令。希特勒下令必须在三天之内清除盟军滩头阵地这一"毒瘤"。敌人的进攻时机很尴尬，美军第四十五师和英军第五十六师从卡西诺前线赶去营救英勇的第一师，第一师很快就可以投入新一轮的战斗了。敌军在我方战线上撕开了一道深深的口子，我们也被迫退回原来的滩头阵地。自盟军登陆起，敌方的炮火就从未停歇，此刻更是前所未有的猛烈。情况万分危急，我们已无路可退。敌军只要再前进一步，便不仅可以用远程大炮骚扰我方的趸船及舰只，还可以用野战炮封锁一切往来运输。我对这一情况不抱任何幻想，这是生死存亡的关键时刻。

　　尽管此前形势不太明朗，但英美两军破釜沉舟，终于出现了转机。希特勒规定的三天时间还没到，德军的进攻就停止了。接着，我们动

用了所有可用的大炮和飞机，从侧翼朝他们的突出阵地发动反击，最终成功肃清了这一阵地。战斗很激烈，双方都损失惨重，但我们最终在这场关乎生死的战役中获得了胜利。

2月底，希特勒再一次发起进攻（这是他的意愿）。东翼的美军第三师受到三个德国师的攻击。此前的失败已让德军大伤元气，美军顽强抵抗，不到一天便粉碎了敌人的进攻，德军死伤超过两千五百人。3月1日，凯塞林承认了失败。他曾挫败了安齐奥的远征军，但没能彻底将其消灭。我致电罗斯福总统：

> 我想就你方军队在安齐奥滩头堡战役中的英勇表现向你致以衷心的祝贺，美国第三师尤为出色。一想到我们的军队在这些激烈的战争中并肩作战，而这些著名的战绩又将在历史上留下振奋人心的一页，我就觉得很感动。当然，我很担心滩头的情况，因为我们已经没有什么退路了。双方在这场战役中都投入了很多，而这种僵持的局面还将持续很长时间。我相信我们在安齐奥和卡西诺都会取得胜利。

*　　*　　*

1944年2月22日，我向下议院大致描述了战斗的情况。报告中，我对安齐奥的情况做了适当说明，我尽可能详细地说明了这里的情况。

"在不确定冬季天气状况和敌军防御实力的情况下，将这支大型军队（第一批有四五万人）调往海上绝非小事。这次行动是一次联合作战的典型例子。登陆的过程几乎没有遇到阻碍，然而后来事态的发展却没有按照预期进行。我们最终成功地将大批军队、大炮、坦克和数千辆车送上岸，我们的军队随即向内陆挺进，同敌人交锋。

"对于我方的此次袭击，德军反应惊人。很显然，希特勒决心死守罗马，就像在斯大林格勒战役、突尼斯战役和近期的第聂伯河弯道战役中一样。德军迅速从法国、意大利北部和南斯拉夫抽调了不少于七个师的兵力。德军已下定决心要摧毁我们的滩头堡，并将我们赶回海里。随即，双方在这里展开了漫长而激烈的战斗。与此同时，南面的英美第五集团军正全力向前推进，另一场战役又在那里打响。

"从整个战局来看，希特勒向意大利派遣包括维修人员在内的十八个师——约五十万人，并决定在意大利建立一个巨大的第二战场。此决定对盟军也是有利的。除非我们准备按兵不动、冷眼旁观苏联人独自作战，否则我们必须在某一处与德军交战。这场在意大利的消耗战牵制了部分敌军，使其无法用于其他大规模的行动，这一战役拉开了其他大规模行动的序幕。"

* * *

第二天，史末资元帅发电报给我，言语间将他的远见卓识体现得淋漓尽致。

史末资元帅致首相：

您在报告中阐述了英国在战争中所做的努力，相信会给世界人民留下非常深刻的印象。报告中提到了很多不为人知的新信息，与苏联的辉煌成就相比，这也算是一种点缀。虽然与苏联的势如破竹相比，我们在缅甸和安齐奥似乎显得无所作为，但你的报告很好地消除了这一片面印象。我自己本身对我们在安齐奥滩头堡阵地的策略也不是很了解，我曾以为滩头阵地会延伸到卡西诺前线，意在粉碎南部山区德军的抵抗。我们现在位于一个独立无援的袋状阵地，与敌军南方的前线阵地相距甚远，此刻，我们自身被困，无法减轻来自南方的压力。

你强调说我们的空军从源头上毁灭了德军的战力，为即将建立的西方战线做了最好的准备，让该战场又恢复到应有的地位。但是我自己是不会过度宣传这一战线的，因为这可

能会给我们带来一些不愉快的意外。东面德军的撤退不仅是由于苏军的英勇以及我们转移了德国空军的注意力，可能还是因为德国将大量战略储备军撤回，用以抵抗来自西面的威胁。在这样一个敌军已经严阵以待的战场，我们就算没有遭到挫折，也必然会受到严重阻碍，从而大失所望。德国的计划可能是想在西方对我们进行有效的截击，随后迅速往东回撤，抵抗苏军对德国的渗透，因为这才是德军最害怕的一点。如果德军不是这么打算的话，我不明白他们为什么要在意大利同我们顽强作战，寸土必争，而放任苏军在东线捷报频传。

　　相比于大肆宣传我们的西方战线，现有的报道更应该集中在我们对德国的空中攻势上。我相信这比苏军在地面上取得的胜利更加意义深远。

　　如果需要任何后备军，不要忘了我们训练有素的南非第六装甲师。他们此刻在埃及，只需增派运输工具，他们便可以在合适的战场上大显神威。

1944 年 2 月 23 日

对此，我在回信中表达了我的看法，这些看法至今都未曾改变：

首相致史末资元帅：

　　谢谢你的来电。在迦太基和马拉喀什的会议上，我力排众议，成功组织了在安齐奥的大规模两栖作战行动。我并没有干涉实际行动的指挥权，按照计划，一旦他们在指定地点成功登陆，我便将指挥权一并交给司令官们，他们也确实做到了。亚历山大在和我的交谈中都认为这一行动的关键在于以最快的速度夺取阿尔本山。最终，我从美国方面争取到他们的第五〇四伞兵旅，尽管当时他们已受命回撤，参加"霸王"行动。但最后时刻，克拉克将军决定不用伞兵旅。与此同时，因在萨勒诺指挥一个军而闻名的五十五岁美国将军卢卡斯，似乎打算不惜一切代价，应对故军的反攻。因此，尽管我在得知登陆成功的消息后便立即下令让亚历山大继续前进，不要固守滩头阵地，最终整个行动还是停滞下来。至于物资供应，原定的物资绰绰有余。毫无疑问，我们是幸运的，原定供五万人使用的物资现在足够十七万人使用。

我们的计划很好，运气也不错，这给我们带来了一个良好的开局，然而一开始建立的优势此刻已经荡然无存，这让我十分失望。不过无论如何，我对所做的一切都不后悔。德军已经往意大利南部调来了八个多师，罗马南部现共有十八个师。我们将故军从"霸王"行动的战场引开，尽可能多地拖住德军，这对"霸王"行动的成功实施十分重要。我们在意大利地区一整个春季的苦战也为这一主要行动揭开了完美的序幕。

我们原计划从卡西诺前线往北大规模推进，以配合登陆行动。我们确实是这么计划的，但没有实现，因为经卡西诺沿利里河河谷北上非常困难。当然，我们现在也在尽全力让两支部队会师，下一次战斗的序幕随时可能揭开。一位人人称赞的年轻的美国师长特拉斯科特现已接任卢卡斯的职位。我对亚历山大的信任没有丝毫影响。

国内一切顺利，尽管一些小人物变得更加活跃。然而，这些人的闲言碎语很快便会被炮火声淹没。

诚然，我十分想见你。将来，你会在重要的时候来我身边，这使我十分高兴。

1944 年 2 月 27 日

* * *

以上便是安齐奥战役的经过。这是一个希望很大但后来又破灭的故事，有我们精心策划的开头，也有敌人随即迅速收复失地，以及双方斗智斗勇的故事。我们现在知道，1月初的时候，德国最高统帅部打算从意大利调遣五个精锐师到北欧。凯塞林抗议说，如果这样的话，他就不得不回撤，不能继续奉命在罗马南部战斗了。双方争执不下之时，我们在安齐奥登陆了。于是，最高统帅部放弃了这一想法，德国没有从意大利前线调遣军队前往西北欧，反而从西北欧调遣军队前来支援意大利。德国十四军未能将盟军赶回大海，这让希特勒怒不可遏。2月16日，德国反攻之后，希特勒下令召集在意大利战斗的二十名各军种、各军阶的军官，亲自向他汇报前线状况。这种情况是战争期间的第一次，也是唯一一次。对此，韦斯特法尔将军点评道："他最好是亲自到前线来看看，这样他就会相信，盟军在飞机和大炮方面确实占上风。"

当时，我们对于德军计划的变更一无所知，但这也证明我军在意大利采取的攻势，尤其是安齐奥战役，确实对"霸王"行动的成功做出了很大的贡献。稍后，我们会看到这一行动对解放罗马是多么重要。

TWO

意大利：卡西诺

墨索里尼和齐亚诺——轰炸卡西诺修道院——天气原因导致的僵局——苏联承认巴多格里奥政府①——意大利战役的拖延——亚历山大令人信服的解释——艾森豪威尔将军和威尔逊将军的看法——翁伯托王储摄政——盟军新攻势的前奏

　　新的一年到来之际，意大利局势变得更加严峻和混乱。墨索里尼的影子共和国②遭受到德国的空前压力。意大利南部的巴多格里奥政府一方面遭到国内阴谋的攻击，另一方面又被英美两国公众所唾弃。墨索里尼率先展开行动。

　　他从意大利逃到慕尼黑，找到了他的女儿埃达和女婿齐亚诺伯爵。他们二人在意大利投降时便从罗马逃了出来，尽管齐亚诺曾在大委员会会议上投票同意罢黜他的岳父，但此刻他仍想靠他的妻子来与墨索里尼重修旧好。在慕尼黑的这些天里，他们确实重归于好，这让希特勒愤怒不已，希特勒在齐亚诺一家刚到德国时就已经将他们软禁起来。在这一关键时刻，希特勒之所以这么瞧不起墨索里尼，可能就是因为他不愿意惩罚法西斯主义的叛徒，尤其是齐亚诺。

　　直到日渐衰弱的影子共和国已经奄奄一息，直到幕后的主人德国已经忍无可忍，墨索里尼才同意掀起一股复仇狂潮。1943年底，凡是

---

　　①　盟军在西西里岛登陆后，意大利成立的以巴多格里奥为首的军事专制政权。——译者注

　　②　亦称萨洛共和国或萨罗共和国（Republic of Salò），是第二次世界大战末期，贝尼托·墨索里尼在阿道夫·希特勒的扶植下于意大利建立的法西斯傀儡政权，正式成立于1943年9月23日，灭亡于1945年4月25日。——译者注

能在德国占领下的意大利地区找到的、曾在 7 月份投票反对墨索里尼的旧法西斯政权的领袖们都被带到维罗纳的中世纪城堡里进行审判，齐亚诺也在其中。所有人都被判处死刑，无一例外。尽管埃达再三恳求，甚至威胁，墨索里尼都不心慈手软。1944 年 1 月，这些人都因叛国罪被处以死刑——被绑在椅子上从背后击毙。这其中不仅包括齐亚诺，还有曾和墨索里尼一起向罗马进军的七十八岁的德·波诺元帅，无一幸免。

齐亚诺的结局和文艺复兴时期的悲剧一模一样。墨索里尼屈服于希特勒的复仇欲望，这给他带来的只有耻辱。破碎的轴心国残骸——悲惨的新法西斯政府，仍在加尔达湖畔苟延残喘。

*　　*　　*

在意大利南部，巴多格里奥政府一直遭到早期反法西斯残余势力的骚扰。从去年夏天开始，他们迅速结成政治团体，不仅要求成立一个他们可以参与的更开明的政府，还要求废除君主制度，原因是这一制度一直默许墨索里尼的统治。他们的活动得到越来越多人的支持，其中包括美国和英国人。1 月份，六个意大利政党在巴里召开代表大会，通过了有关上述问题的决议。

于是，我致电罗斯福总统：

首相致罗斯福总统：

此刻，我们两国军队与敌人大战正酣，我真诚地希望，在我们占领罗马之前，意大利的现有政权可以继续执政。我确信，倘若此刻改变意大利现有的政权，并试图从现有的没有任何基础的政治团体中组建一个新的政权，这会大大增加我们的难度。此外，倘若这些团体组建成一个政府，为了赢得意大利人民的信任，他们一定会采用比国王和巴多格里奥更强硬的手段来维护人民的利益。我认为，倘若巴多格里奥

插手的话，事情会变得更糟。据我们的情报显示，反对国王的行动也会极大地影响意大利海军的行动。此刻英美两国正在浴血奋战，我恳请你着重从军事角度来考虑这个问题。

1944 年 2 月 3 日

总统回复道：

罗斯福总统致首相：

　　我已经向国务院下达指令，即在当前阶段不对意大利政府采取任何行动，以免其发生任何改变。等到我们在意大利的军事形势大有改善，足以应对这些此刻正协助盟军的意大利人的叛变风险时再采取行动。

　　但我认为，你我应该将这种做法仅仅看作是给这两位老绅士下的一个缓刑令。

1944 年 2 月 11 日

我在回电中详细阐述了我的看法：

首相致罗斯福总统：

　　我非常同意在占领罗马后再研究整个形势，我们目前尚未抵达罗马。林肯纪念日的庆祝活动提醒了我：没抵达福克斯河前，先不要讨论该如何渡河。

　　意大利现存政府是合法政府，我们曾同它缔结了停战协议。协议签署后，意大利海军投奔我们，部分意大利陆军和空军也过来同我们并肩作战。我们可能要花很大力气才能建立新的政府，且新政府在服从命令方面远远比不上现任政府。另外，现任意大利政府在舰队、陆军军官等方面的控制上，也比在其他政党的残余势力基础上组建的政府强。况且这些政党在选举和其他权利方面没有任何地位。为了在意大利人民中树立威望，新的意大利政府势必会与我们作对。他们很有可能拒绝履行停战协议中的条款。至于要让该政府在不引起暴动的情况下将部分舰队移交给苏联，我认为他们应该不会这么做，即便做了，意大利海军也不会服从。因此，我希望这件事情以后再一起商量。国务院对达尔朗的态度我是非常支持的。尽管他们现在好像有点后悔，但回顾发生的一切，我觉得之前的做法是对的。这样的处理办法让数千名英国和美国士兵活到了现在，还让我们不费一兵一卒便夺取了达喀尔，要知道当时我们是很难抽出大量部队夺取该地的……

此前，我曾收到哈里的来信。他骨子里有着一股不屈服的精神。我十分担心他的身体，担心他脆弱的身体经不起另一场手术。若有任何关于他的消息，我都将十分感激，因为在我心中，他就跟圣骑士一样。我刚刚听说他的儿子在马绍尔群岛战役中阵亡。我不太确定他现在的身体状态能不能经得住这样的打击，所以我现在托你转告他这一消息。

1944 年 2 月 13 日

我和总统先生已就主要问题达成共识，因此我在 2 月 22 日下议院的演讲中对意大利的政局做了说明：

"意大利的战争将会是一场艰难的持久战。直到现在，我还是不相信此刻能在意大利组建一个能在其武装部队中享有同样威信的新政府。如果我们能赢得现在的战役并进驻罗马（我坚信我们一定会的），我们便能自由讨论意大利的政局问题，届时条件也会比现在好。只有在罗马才能组建一个有广泛基础的最好的意大利政府。至于届时的政府是否会像现有的政府一样愿意帮助盟军，我就不清楚了。然而，这个政府为了巩固在意大利人民心中的地位，势必会尽其所能，最大限度地拒绝执行那些对盟军有利的命令。我不希望在这个激战正酣、双方胶着的时刻去做一些令人不安的改变。当你端着滚烫的咖啡壶时，不要轻易弄坏壶柄，除非你有另一个同样好用的咖啡壶，或者至少你手

边得有一块抹布才行。

"两周前，在巴里聚集的来自意大利各政党的代表们都渴望组建一个新的政府。但除非现任国王退位，或者他的继承者邀请这些政党接管政府，否则他们便没有选举权，也没有宪法赋予的权力。对于现在正和我们并肩作战的意大利武装部队，他们也不可能享有任何权威。意大利已经被痛苦和灾难压倒，食物紧缺，运粮的船只也被我们大量征用，用来配合规模越来越大的军事行动。今年，盟国方面已经增加了一千两百万吨的船只，但是这依然不够，因为我们的行动规模很大，征用了调来的每一艘船只，所以粮食的运输很困难。

"意大利现在的政治条件和政治势力不可能像那些未战败的国家，或未被战争摧残、未被法西斯长期镇压的国家那样健康地运作。如果我们能占领罗马，那么届时我们就会更清楚应该怎么做，掌握的资源也会更多。因此英王陛下政府和美国政府初步达成共识，要等赢得罗马战役、进驻罗马之后再重新讨论这一问题。"

* * *

2月15日，盟军开始朝卡西诺发动第二次大规模进攻，开始轰炸修道院。修道院地势很高，俯瞰拉皮多河和利里河的交汇处，是整个德国防线的中心点。该地防御坚固，是一处难以攻克的障碍。这座著名的修道院矗立在被炮火清洗过的峭壁上，在之前的战役中无数次地被掠夺、摧毁又重建。至于现在要不要再次将其摧毁，颇有争议。修道院内并未有德军进驻，但敌军的防御工事几乎离不开这座修道院。修道院为整个战场的制高点，因此，负责指挥作战的军长弗赖伯格将军自然想要从空中对该地进行猛烈轰炸，再出动步兵袭击。集团军司令马克·克拉克将军很不情愿地前去征求亚历山大将军的意见，亚历山大将军同意并接受了这一任务。于是，2月15日，在警告了修道士后，盟军向该修道院投下了四百五十吨炸弹，给修道院造成了严重破坏。修道院的外墙和大门依然矗立在那里。轰炸的结果并不好，德军现在可以趁机最大限度地利用那些断壁残垣，相比于当初完好无损的修道院，如今他们能更好地利用这些废墟来进行防御。

进攻的任务落在了最近在修道院北面山脊解救美军的第四英印师头上。该师连续战斗了两晚，也未能成功拿下位于自身阵地和卡西诺山地之间的小山。2月18日晚，他们第三次尝试发起进攻，战斗十分惨烈，所有攻上那座小山的人全部壮烈牺牲。晚些时候，一个旅绕过小山，直接朝修道院发起攻击，不想等待他们的却是布满地雷的深谷，同时他们还进入了敌军的机枪射程范围之内。这支部队损失惨重，不得不停止行动。高地上的战役惨烈异常，新西兰师趁此时机，成功渡过了卡西诺镇下面的拉皮多河，但未待滩头阵地稳固，敌方就出动坦克反击，使他们不得不退回。至此，对卡西诺的正面袭击已经宣告失败。

3月初，双方由于天气原因陷入了僵局。拿破仑失败的第五个因素——道路泥泞——让双方陷入困境。我们无法突破敌方在卡西诺的主要战线，德军也无法将我们在安齐奥的部队赶回大海。敌我双方的人数不相上下。截至目前，我们有二十个师在意大利，但美军和法军伤亡惨重。敌军有大约十八或十九个师在罗马南部，五个师在意大利北部，也已筋疲力尽。

此刻想要从安齐奥滩头阵地突围基本无望，在攻破卡西诺前线之前，我们的两支队伍是没有办法提前会师的。因此，现在最主要的是要巩固滩头阵地，休整并扩充部队，囤积物资以应对围困，并为下次突围做准备。由于很多登陆艇要被抽调去参加月中的"霸王"行动，因此留给我们的时间很少。调配行动已经拖了很久，不能再拖下去了。海军已经尽力了，他们取得了辉煌的成绩。此前，平均每天登陆的舰只吨位为三千吨，3月初的十天里，这一数字翻了一番多。我一直密切关注着这里的进度。

3月12日，我问道："滩头阵地上现在每天领口粮的人数是多少？从开始到现在，有多少车辆登陆？粮食和弹药还能支持多久，这一数据是怎么得来的？"

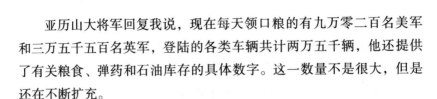

　　亚历山大将军回复我说，现在每天领口粮的有九万零二百名美军和三万五千五百名英军，登陆的各类车辆共计两万五千辆，他还提供了有关粮食、弹药和石油库存的具体数字。这一数量不是很大，但是还在不断扩充。

　　几天后，维苏威火山猛烈喷发。部分从那不勒斯机场出发的交通线中断了数天，但港口运输并未中断。3 月 24 日，海军总司令接到一份报告，内容如下："那不勒斯各港口每年的吞吐量为一千三百万吨，而维苏威火山一天喷出的岩浆就有大约三千万吨。对于上帝的这一杰作，我们唯有赞赏。"

＊　　＊　　＊

　　上文我所描述的战争还在持续，巴多格里奥政府正在发生剧变。罗斯福由于受到舆论的压力，被迫出面支持意大利的政局变动。他建议我们遵从舆论的意见。

　　对此，我致电如下：

首相致罗斯福总统：

　　　　你的电报让我十分忧虑。这与我们 2 月 11 日达成的协议是相背离的，你当时还在签订协议后发电报跟我强调"一切都已搞定"。鉴于你当时对我的保证，我已经向议会说明了情况。

　　　　就我所知，并未出现新的重要情况，意大利"无条件投降"后，盟军并非没有能力维持占领地区的秩序。若是向局部地区的煽动性活动让步，特别是向那些想要参政的政治家们让步，那将是一个非常严重的错误。届时，我们在意大利组建的政府很有可能不仅无法得到武装部队的拥护，还会和盟军对抗，以此来争取在意大利人民中站稳脚跟。这样的话，我们到时候会碰到一个更难对付的戴高乐委员会式的政府。

与此同时，我们相当于在这样一场惊心动魄的大战中抛弃了一个很愿意帮忙的国王和巴多格里奥政府，他们此刻正将功补过，尽全力帮助我们。

我承认，你提议的处理办法更受欢迎，且至少会取得短暂性胜利。但我肯定，让胜利的征服者们向部分战败的人举手投降确实是一件很可悲的事情。你我之间以及英美两国政府之间若出现明显的分歧也同样如此。在达尔朗事件上，我曾大力支持你和国务院的决策。此刻，鉴于我们正在经历的以及即将经历的大战，我们两国政府之间更有必要统一行动。

1944 年 3 月 8 日

他当天便回电鼓励我，让我相信我们之间并无分歧。他说："我强烈希望，在这一问题上，我们能像在其他问题上一样保持一致。我们可能在时机上有些分歧，但这些都可以再商量，我们在诸如自主权等大问题上还是一致的。"

然而，舆论的压力还在持续。同六个意大利反对党进行谈判的主意得到了位于阿尔及尔的最高司令部的支持，威尔逊将军将这一意见通过电报传达给华盛顿和伦敦的联合参谋长委员会。他为两个国家服务，因此有权这么做。然而，我的观点不曾改变，战时内阁的同僚们在目睹了事情的经过之后基本上和我的观点保持一致。

首相致罗斯福总统：

我担心，如果在此刻驱逐意大利国王及巴多格里奥政府，那么军队的任务会变得更加复杂。就我看来，苏联人也是这么想的。我向你保证，我也考虑到了潜在的危险。我依然认为，我们应当建立一个有广泛基础的政府，将意大利北部民主人士的意见纳入考虑范围内并从该地挑选代表。当然，如果我们几个月后还攻不下罗马，那我们就应该提前行动，尽管届时的条件可能不是那么有利。只有占领了罗马，我们才

有更具代表性的基础。

1944 年 3 月 13 日

我对罗斯福总统的复电感到失望：

罗斯福总统致首相：

如果我之前表达的意思不是很清楚，我在这里表示歉意。我从未向你表示过打算同意将政局问题推到攻占罗马之后再行商议。自我们上次通电之后，意大利的政治局势变化很快，军事方面的进展相对落后。攻占罗马依然遥遥无期，现在必须做出重大决定。

除非有充分的理由，否则我是不愿意对我们的意大利朋友采取强硬措施的。此刻，总司令以及他周围的来自美国和英国的政治顾问们，建议我们对意大利六个反对党的提议立即予以支持。因此，我们这次在政治和军事上的看法是完全一致的。

这一方案非常符合我们的军事和政治目标，我无论如何也想不通，为什么我们迟迟不予支持。我们对维克托·伊曼纽尔一再容忍，甚至还表现出非常明显的支持，美国舆论对此显然不能理解。

1944 年 3 月 13 日

此刻，苏联在没有和我们商量的情况下，便向巴多格里奥政府派遣一名官方代表。这一举动让形势变得更加复杂。

首相致罗斯福总统：

苏联人已经发表声明，他们已经向意大利现政府派去一名全权大使。然而，严格意义上来说，我们与意大利政府尚在交战状态。我认为不经过进一步的商议，便同意所谓的六个反对党的提议，要求国王退位或克罗切勋爵摄政，是不明智的。对于你提到的"重大政治决定"，我会征求战时内阁的意见。我们同意大利的战争自 1940 年 6 月便已开始，大英帝国的伤亡人数已达二十三万二千人，船舶损失也十分严重。因此，我相信在这一问题上，你们会考虑到我们的看法。我们必须倾力合作。请谨记，我曾向公众保证过，我们之间的任何分歧都会让他们知晓。

1944 年 3 月 14 日

战时内阁对此展开讨论，我将结果汇报给罗斯福总统：

今天早上，我就英美政府应当立即接受六个反对党的提议这一问题，征求了战时内阁的意见。战时内阁让我向你保证，对于你们想要在意大利建立一个拥有更广泛基础的政府的愿望，他们完全同意。与此同时，未来意大利政府的形式应该由其人民自主决定。他们也认为时机问题还需商量，关于这一点，他们觉得最好等攻克罗马之后再和国王和巴多格里奥分道扬镳，因为攻占罗马后，才有可能建立一个更有代表性、根基更稳固的政府。他们认为，要想通过建立一个软弱的并注定失败的民主政府来维护我们的共同利益和意大利的未来，实乃下下之策。就算是在攻占罗马后达成的协议也不会是最终方案，等北部各省以及对我们有利的诸如米兰和都灵之类的重要工业中心（它们也是民主方案的必要组成部分）解放后，我们要重新审视这一协议。他们认为，所谓的六个党派根本不能从真正意义上代表意大利的民主或意大利民众，也不能在此刻代替已有的意大利政府，现有的意大利政府正为了我们的利益忠诚而又高效地工作着。

战时内阁在得出这些结论之前已经研读过盟军总司令威尔逊将军的电文，但他们在这一问题上持不同观点。与此同

时，我们也应尽早商讨外交大臣呈给国务院的意见。此外，若攻占罗马耗时太久，比如说两到三个月，那么我们就不得不重新考虑时机问题。

最后，他们让我强调，不要向世人透露我们两国政府之间可能存在的任何分歧，尤其是在当前这种情况下，即苏联在不和盟友商议的情况下就独自采取行动，直接就同巴多格里奥政府建立外交关系。再过几个月，三国政府便能联合行动，倘若我们此时要通过议会和媒体发表各自的意见，那将是不合时宜的。

1944 年 3 月 15 日

至此，这一问题暂时告一段落。

＊　　＊　　＊

尽管安齐奥问题已经不用担心，但是总的来说，意大利行动仍在拖延。按照预期，德军此时已被赶到罗马以北的地区，我们也能抽调大量军队在维埃拉海岸进行大规模的登陆，来支援横渡英吉利海峡的主要战役。这一行动代号为"铁砧"，早在德黑兰时便已通过。这一行动很快便成为我们和美国之间争论的焦点，在此之前，在意大利的行动已经拖了太久，因此当务之急是要打破卡西诺前线的僵局。自 2 月进攻卡西诺受阻之后，我们便已迅速投入到第三次战斗的准备工作中去，但是由于天气原因，直到 3 月 15 日才发动进攻。

这次攻击的主要目标是卡西诺镇。我们共计消耗将近一千吨炸弹、一千两百吨炮弹，一顿狂轰滥炸后，步兵随即展开进攻。亚历山大说："在经历了八个小时的狂轰滥炸后，很难想象还有军队能存活下来。"但敌军确实做到了。德国第一伞兵师可能是敌军最顽强的一支队伍，它在一堆碎石瓦砾中同新西兰师和印度师战斗。夜幕降临时，这个镇的大部分地区都已经落入我方手中，第四英印师从北往南，也取得了良好的进展，第二天便到达卡西诺山的三分之二处。随后，战局开始变得对我方不利。此前的轰炸造成的路面上的大坑导致我方坦克无法穿越，不能紧跟步兵进行攻击。这样的情况持续了两天，期间狂风暴雨，敌军也补充了增援部队。随后，我们的进攻又有了进展，但战绩不像之前那样显赫，敌军也并未在激战中倒下。

令我疑惑的是，我们为什么不从侧面出击将敌人赶出阵地？之前的两次行动已经证明了，敌军的阵地非常牢固。

首相致亚历山大将军：

我希望你能解释一下，为什么你们一直重复进攻经过卡西诺、卡西诺山等地连成的通道——这条两到三英里的前线。为了进攻这些地方，五六个师的兵力已经变得筋疲力竭。当然，我不清楚地形和战斗的情况，但是，从局外人的角度来看，我实在不明白，既然这一地点能够牵制敌人，那为什么不从侧翼发动进攻？为什么这一防守最坚固的点竟是我们唯一的通道？既然这里密不透风（从军事方面来讲），为什么不从两侧发动进攻？这些问题都让人不解。我对你非常有信心，不管情况如何，我都会支持你，但请你向我说明为什么不从侧面发动进攻。

1944 年 3 月 20 日

他的答复非常清楚且具有说服力。他用文字说明了当时的情况，对军事历史学家有很大价值。

亚历山大将军致首相：

现回复你 3 月 20 日的电报。从亚得里亚海到南部海岸地区的整条主要战线上，只有利里河河谷直通罗马，且地形适合发挥我方炮兵和装甲部队的优势。除去畜力车道不说，六号公路是从我们现处山区横渡拉皮多河到达利里河河谷的唯

一道路。这里到平原地区的出口被卡西诺山堵住，山顶上耸立着卡西诺修道院。我们曾多次试图从北面包围卡西诺山的侧翼，但由于该地都是深谷和悬崖峭壁，行动只有依靠小规模的步兵，供给也只能靠挑夫和骡子通过我们千辛万苦打通的骡道运来，所以这些进攻都宣告失败。

此外，卡西诺山的北部被一个深谷几乎完全切断，事实证明，这一山谷是无法穿越的。要想采取更大范围的迂回行动则更加艰难，因为这需要翻过凯罗山。相比之下，凯罗山更加险峻，且现在被大雪覆盖。如你所知，美军曾尝试从南面渡过拉皮多河，从侧翼攻击卡西诺棱堡，但是最后失败了，第三十四师和第三十六师损失惨重。卡西诺南部的拉皮多河很难渡过，因为此时正值洪水季节，松软的沼泽地让桥梁架设变得艰难，况且也没有路让我们运送架设桥梁的材料，远处河岸上的敌军还在不断干扰。事实再一次证明，要想从卡西诺南部渡过拉皮多河，需承受隐藏在卡西诺正后方和西方山脚下，以及利里河河谷南面山麓的德军阵地的猛烈炮火。

弗赖伯格本打算直接进攻棱堡，用奇袭战术配上集中的炮火压制来粉碎敌人的抵抗，从而取得胜利。按计划，盟军将突袭卡西诺镇，随后绕到卡西诺山的东部和南部斜坡，从不易严重受到敌人炮火干扰的方向迅速夺取棱堡。起初，我们几乎就要成功了，损失也无足轻重。我们成功夺取了拉皮多河上的两座桥，可供坦克通行，一座在六号公路上，另一座在铁路桥上，这两座桥至今仍在我们手中。廓尔喀部队推进到距修道院两三百码的地方。我们之所以没有在一开始的四十八小时内攻下目标，是因为：

轰炸对路面造成了毁灭性破坏，我们的坦克和其他作战车辆受到严重影响。德国伞兵的韧性令人印象深刻，面对整个地中海空军和大炮（八百门大炮中的精良部分）的空前火力，他们坚持了六个小时之久。我怀疑世界上是否还有其他

部队，能在经历这样的打击之后还能像之前一样英勇战斗。明天，我将和弗赖伯格以及各陆军指挥官碰面，一起商讨战局。

如果现在停止这一计划，那我们应坚守已经夺得的两座桥，并调整阵地，守住已经夺取的有利的关键据点。待整编之后，第八军计划向利里河河谷大规模进军。这一计划要求我们在更广阔的战线展开攻击，所需部队也比这次弗赖伯格指挥的更多。再过一段时间，等山上的积雪融化，河水回落，地面变硬的时候，现在无法通行的地带便可以行军了。

> 1944 年 3 月 20 日

首相致亚历山大将军：

感谢你的详细解释。既然你已经到现在这一地步，希望你不要"停手"。敌人肯定也已濒临绝境。希望一切顺利！

现在的战事让我们很担忧。

> 1944 年 3 月 21 日

卡西诺镇上的战斗一直持续到 23 日，双方部队在废墟上进行了激烈的进攻和反攻。新西兰师和印度师已经不能再战斗了。我们占领了镇上很大一部分地区，但是廓尔喀部队被迫从卡西诺山上的据点撤回，因为山峰陡峭，即便从空中也无法提供供给。

* * *

威尔逊将军应我要求，上报了新西兰军在此次战役中的伤亡情况，统计的数据如下：第二新西兰帅一千零五十人；第四英印师一千一百六十人，其中英国士兵四百零一人，印度士兵七百五十九人；英国第七十八师一百九十人；共计两千四百人。

相比于取得的微小成就来说，这一代价实在太大了。但是，我们在拉皮多河的卡西诺段建立了一个稳固的滩头阵地，加上第十军于1月在加里利亚诺河下游建立的宽阔的突出阵地，这对我们赢得最终的胜利意义非凡。在这里以及安齐奥的滩头阵地，我们将大约二十个精锐的德国师牵制在意大利中部。不然，其中很多师可能都已经被调往法国了。

我们的军队必须要休整并重新整编，这样在下次进攻古斯塔夫防线时才有成功的希望。应把第八集团军的主力从亚得里亚海调过来，集中两支军队的力量准备下一场战役，英国第八集团军负责卡西诺前线，美国第五集团军负责加里利亚诺河下游地区。这一调配大概需要花去亚历山大将军两个月的时间。

这意味着，地中海部队只能在6月初以在罗马南部战斗的方式支援跨海峡进攻。美国三军参谋长们依然想要在法国南部进行辅助性登陆，至于应该给威尔逊将军下达什么样的指示，我们双方争执了数周之久。

＊　　　＊　　　＊

我要在这里说说英美之间的争论，起初是"霸王"作战计划和"铁砧"计划之间的争执，随后又变成了"铁砧"计划和意大利行动。12月31日，蒙哥马利在马拉喀什同我谈话时曾说，他需要更多的军队来实施跨海峡行动初期的猛攻。1月6日，我发电报给总统，向他传达了比德尔·史密斯和蒙哥马利关于此事的意见。他们俩坚信最好是将精力投入到范围更广的"霸王"行动中去，不要扩大"铁砧"行动，以免超过德黑兰会议前制定好的计划规模。

1月21日，艾森豪威尔将军到英国后不久便召开会议，会上我们激烈地讨论了这一问题。艾森豪威尔将军本身笃定"铁砧"计划十分重要，他认为该计划不应该因为要加强"霸王"行动而受到削弱。这次会议结束后，他给在华盛顿的联合参谋长委员会传去电报，如是说道：

"霸王"和"铁砧"作战计划应该被看作是一个整体。倘若资源充足的话，最理想的状态就是调配五个师进行"霸王"作战计划，三个师进行"铁砧"计划。倘若资源不够，我们就只能调配五个师进行"霸王"行动，一个师进行"铁砧"行动，因为"铁砧"计划现在只能起到威慑作用，待敌人变弱之后再积极实施这一计划。

关于这份电报，英国三军参谋长向华盛顿方面表明了他们的看法：1. 不管"铁砧"计划需要耗费多少兵力，"霸王"行动都需要五个师的兵力来发动第一次进攻。2. 必须尽力保证用来实施"铁砧"计划的兵力达到两个师以上。3. 如果无法运送这些部队，那么就将地中海地区的登陆艇数量减少到一次运送一个师的规模。

美国三军参谋长不同意这一做法。他们认为用威慑代替实际行动是不合适的，他们坚持要用两个师来实施进攻。关于这份电报，我还做了简单的记录："美国打算一次运送两个师来实施'铁砧'计划，很显然，这表明'铁砧'计划享有比'霸王'行动更高的优先权。这有悖于艾森豪威尔和蒙哥马利将军的观点。"

*　　*　　*

2月4日，英国三军参谋长们在和我充分商量后，给美国同僚们发了一封很长的电报，他们在电报中强调眼下最重要的是要确保"霸王"行动的胜利，因此正确的做法是按照最高司令的要求调集"霸王"行动的兵力，随后再把剩下的可用资源分配给地中海方面。鉴于意大利现在的情况，他们怀疑还有没有必要实行"铁砧"计划，他们还指出，之所以在德黑兰支持"铁砧"计划是因为当时以为德国会撤到罗马北部战线。但毫无疑问，德国人此刻打算尽全力抵抗我们在意大利的进攻。他们还指出，法国南部距诺曼底海滩近五百英里，我们可以从意大利、罗纳河河谷或其他地点牵制敌人。事实上，"铁砧"

计划的地点太远，无法帮助到"霸王"行动。

对此，美国三军参谋长们提议此事应由美方代表艾森豪威尔将军和英国三军参谋长开会决定。我们爽快地答应了，但直到几周后才达成协议。艾森豪威尔将军仍然不愿意放弃"铁砧"计划，但他现在开始怀疑是否能将那些精锐部队从意大利撤回。3月21日，他征询了威尔逊将军的意见。威尔逊说，在攻占罗马之前，他坚决反对从意大利撤军。他建议取消"铁砧"计划。此外，他还说只有等到德军崩溃时才有必要在法国南部登陆。

随后，局势急转直下。英国三军参谋长发电报到华盛顿说，"铁砧"计划肯定不能按期实行，因为现在既不可能从意大利的战斗中撤回军队也不能从安齐奥桥头堡撤回登陆艇。美国三军参谋长同意让威尔逊将军在7月时在法国南部登陆，此外，如果决定在意大利和敌军一决高下，那就要尽可能多地牵制和摧毁德国军队。到6月初时，我们可能就能决定该实行哪个计划了。

我自己坚决支持继续在意大利战斗下去，下面这封电报便可证明：

首相致马歇尔将军（华盛顿）：

1. 现在让我们放弃地中海地区这些新增加的珍贵的登陆艇，着实令人心痛。这些你费尽千辛万苦才得到的登陆艇，在某种情况下算是对我们友好的馈赠。我不能接受的是，在经历了长期努力和巨大牺牲，可能马上就要取得胜利的时候，就此停止供给或停止这场战役。我们在意大利的部队并没有比敌军多很多，我方部队由七八个不同种族构成，而对方全是德国人。现在天气潮湿，我们无法充分发挥炮兵部队、装甲部队和空军方面的优势。亚历山大告诉我，等渡过拉皮多河后，他就将从安齐奥桥头堡向东北方向进攻。因此，我们可能没有时间停下，未必能说"到这里停下，转为守势，全员登船前去进行'铁砧'行动"。我们也无法提前定下一个具体时间，中断意大利战役的供给，将其转向"铁砧"计划。一个军队如果没有明确目标，老是瞻前顾后，那么其中难免会有三心二意的暗流涌动。这也会影响到所有的后勤服务人员，届时他们会对这样的情况有所察觉。要知道，当时抽调七个最精锐的师去参加"霸王"行动时，正是我们在意大利的军队流血最多的时候。

2. 当然，如果意大利的战役早早出现问题，面临敌军的防线，我们无法继续推进并被迫转向守势，那当然可以将精锐部队调走。但桥头堡仍需要大量登陆艇，倘若没有你们的太平洋登陆舰，那就无法一次运送两个师的部队进行像"铁砧"计划一样的大规模行动。

3. 因此，我们必须全力投入到意大利的战争中去，因为已经有太多的美国和英国士兵死于这场战争。我们必须将其看成是和"霸王"计划一样事关生死存亡的行动。到 5 月 31 日，局势应该会变得更加明朗。现在要放弃这样一个大好时机，我深感惋惜。

4. 迪尔告诉我，你本以为我会积极支持"铁砧"计划，因为当你第一次在德黑兰提起这一计划时，我表现得很热情。但自那以后，情况发生了剧变。11 月时，我们计划于 1 月攻占罗马，当时有很多迹象表明敌军准备撤往意大利北部地区。然而，尽管我们发动了大规模的两栖远征，但最终还是被困在现在这个地方，敌人调来了八个机动师加入意大利南部的战斗，这八个师恰好是"铁砧"计划全力实施后想要牵制住的八个师。因此，这既让人欢乐，又让人大失所望。

5. 所有的困难都是由于缺乏坦克登陆艇导致的。像英美这样庞大的帝国竟然会因为缺乏一两百艘这样的特殊舰只而导致计划受影响，这一点着实令人不解。我现在很担心，美国政府会拒绝全力生产坦克登陆艇来供应我们。要知道，如果我们有了充足的坦克登陆艇，我们就可以帮助你们对日作战。由于缺乏这些特殊舰只，我们在你方左翼的作战可能会受到影响，我担心我们会因此背上骂名，但是我们确实全力以赴了。

1944 年 4 月 16 日

威尔逊收到的指示就是我的观点。我在 4 月 24 日给总统的电报中说道：

> 对于意大利的情况，我十分高兴。在我看来，我们双方都已经得到了想要的结果，现在就差最后的胜利了。亚历山大在这里商量事情的时候，我和他谈了很久。他极力为自己的行为辩护，称他的军队数量有限；我方部队成分复杂，由超过七个种族构成，而敌军全是德国人；天气恶劣，地面情况极其糟糕。最迟到 5 月 14 日，他才会展开进攻并全力推进。如果这一战役成功，或者只要尽力，那么就能很好地配合其他计划。

*　　*　　*

意大利南部的政局发生剧变。根据宪法制订的折中方案已经通过，国王会将自己的权力移交给他的儿子——翁伯托王储，由他摄政。等到最终的胜利来临时再由公民投票决定君主政治的命运。王室法令于 4 月 12 日签署，将于盟军攻占罗马时正式施行。月底，巴多格里奥重组政府，将意大利南部的政治领导人物纳入其中，其中最著名的有克罗切和斯福尔扎。

*　　*　　*

当我军正在筹备进攻时，威尔逊将军出动所有空军力量对敌人进行干扰、打击，而敌人也像我们一样，正在利用这一间歇来休整、重组军队，准备下次战斗。强势的盟国空军联合起来攻击敌军的路上交通线，想要切断敌军的陆上交通和补给，逼敌军撤退。这一行动美其名曰"绞杀"，旨在封锁从意大利北部延伸出来的三条铁路干线，首要攻击目标为桥梁、高架桥和其交叉点。我军想切断德军的供给，将他们赶出意大利中部。

这一行动持续了六周多，给敌人造成很大的麻烦。意大利北部的铁路运输经常中断，但没有达到预期的效果。德军充分发挥了航运的作用，随后将货物通过汽车转运出去，他们充分利用夜间时间进行运输，勉强能够维持供给。但他们的物资储备不足以支持他们进行长期且激烈的战斗，5月底地面上的残酷战斗也大大削弱了敌军的实力。我军的会师速度和攻占罗马的速度远超预期，德国空军为了保卫交通线损失惨重。截至5月初，德军只能勉强集合七百架飞机来对抗我们的一千架飞机。

意大利战场的情况便告一段落了，那里的情况已经逐渐成熟，接下来我们将转向最重要的跨海峡作战。

第三章

THREE

空中攻势与日俱增

我们在轰炸机扩充方面取得进展——德国被迫转而生产战斗机——美国参与轰炸欧洲战场的轴心国——卡萨布兰卡会议的指示——汉堡空战——猛袭柏林——美国空中堡垒终于获得远程战斗机的掩护——英国炸弹威力增强——铝化炸药——英美空中攻势对于德国战时经济的影响——盟国空军在"霸王"作战计划中的作用——英美轰炸机人员的英勇和奉献

在我们整个作战计划中，轰炸机司令部所发挥的作用日趋重要，并且最终对战争的胜利做出了决定性的贡献。接下来，本章将对其所采取的主要行动进行阐述。

直到1943年，我军终于拥有了充足且适合发动连续、猛烈的轰炸机；美国第八空军的轰炸机也于同年加入我们，一同对敌军展开战略空中攻势。自1940年起，我就一直鼓励扩充轰炸机，增强空军实力，但却遇到了重重困难：国内轰炸机的产量落后于预期；其他战场以及反潜艇战对其需求巨大；美军参战之后，自然会将本国生产的大部分轰炸机先供自身使用。尽管我军的新式四引擎飞机增产缓慢，但其能携带炸弹的重量却大幅增长。在1942年的前几个月，我军每架飞机的平均载重为两千八百磅；截至年底，上升为四千四百磅；次年，载重量升至七千五百磅。

早在作战初期，英德两军就已认识到，若想在昼间利用轰炸机突破强大的战斗机防线，即使是密集列队飞行，也必然会损失惨重。因此，我军不得不像敌人那样，转为夜间作战。起初，我军对于自身的轰炸精确度十分自信，并于1940至1941年间的冬天，试图摧毁那些

目标虽小但却至关重要的德国炼油厂，结果却以失败告终。早在1941年春天，轰炸机司令部就已奉命参加了大西洋战役，却直到7月份，才对德国重新展开攻势。如今选定的轰炸目标是工业城市和铁路中心，尤其是鲁尔和汉堡、不莱梅、汉诺威、法兰克福以及斯图加特。然而，由于作战武器和方案均不能满足作战需求，我军的损失与日俱增，不得不在冬季减少作战行动。1942年2月，我军将之前描述过的"前进"号新式探测器投入使用，并借此将鲁尔作为首要进攻目标。在哈里斯空军元帅的强力指挥下，我军取得了辉煌的战绩，其具体行动如下：5月，火攻吕贝克和罗斯托克，动用千架轰炸机袭击科隆；昼袭位于奥格斯堡的潜艇内燃机制造厂，内特尔顿上校还在此次战役中荣获维多利亚十字勋章。

　　8月，我军成立导航队，并由空军司令贝尼特负责指挥；此外，雷达在航海和目标锁定方面发挥着日趋重要的作用；而明智的做法是，将这种稀有且复杂的装置交给专家们，由他们来负责探路和锁定目标。

　　尽管在经历了多次失败后，我军逐渐实现了精准的夜间轰炸，但1942年的轰炸攻势却未能削减德军的战时生产和民众士气。看来，我们低估了德国的经济实力。德国通过大肆征用所侵占地区的生产力和劳动力，其军火产量似乎的确有所增长。此外，戈培尔部长负责实施救济，在其铁血纪律的统治下，民众意志坚定，避免了局部地区灾难的影响波及整个国家。但是，这也给德国领导人敲响了警钟，迫使他们转而采取空中守势。德国越来越重视生产战斗机，而不是轰炸机。这是德国空军战败的开端，也是我们在1944年能取得制空权的转折点。如果没能取得制空权，我们就无法赢得战争。除了在针对希特勒及其空军将领的心理战方面取得的胜利之外，在西线建立了威胁德国的第三空中战线是我们的第二大制胜因素，这对于苏军以及对我们在地中海的部队都十分有利。

　　就这样，我们迎来了1943年。这时，美军也加入对轴心国欧洲占领区的轰炸行动，但他们在轰炸策略上有不同的想法：我们采取了夜间轰炸战术，目前看来这种战术是行之有效的；但美国人深信，重型

堡垒式轰炸机只要密集列队成行，无须战斗机护航也能在白天深入德国。这种战术是否切实可行，我表示怀疑，正如我在前文所提到的，我曾在卡萨布兰卡与美国驻英空军司令埃克上将讨论过我的疑虑，并收回了反对意见。随后，1943年2月4日，我们向驻英国的英美轰炸机司令部发出了卡萨布拉卡指令，具体任务如下：

> 你们的首要任务是继续扰乱并摧毁德国的军事、工业及经济系统，击垮德国民众的斗志，直到他们完全无力进行武装反抗为止。
>
> 在此理念的指导下，你们当前的主要目标按照轻重缓急排列，具体如下：1. 德国潜艇制造厂；2. 德国飞机制造厂；3. 交通运输线；4. 炼油厂；5. 敌军其他战时工业设施。

美国空军第八军的埃克将军计划利用昼间精确轰炸这一战术，摧毁这六组目标。虽然他请求的援军并未抵达，但他仍然多次英勇地发动袭击，尽管损失惨重。而只采取夜间空袭的哈里斯空军中将，从1943年3月至7月一直将目标锁定在鲁尔，并于3月5日至6日晚从重兵防守的埃森镇发起了袭击行动。首先，通过八架蚊式轰炸机投下了目标照明弹，使用了"欧波"（"双簧管"）盲目轰炸系统；随后，"探险者"部队进一步照明目标，协助三百九十二架飞机展开猛烈攻击。这次战争中，埃森镇首次遭受严重摧毁。随着轰炸机司令部日益壮大，轰炸行动逐步推进，戈培尔对战争的结局也越来越悲观，并在日记中严厉指责德国空军未能成功拦截英国的轰炸机。1943年6月，德国最能干的生产部长施佩尔致函各地方长官，他在信中提到煤铁和机轴的生产线严重受损，因此决定加倍增强鲁尔区的防空措施，并征用十万人开展修理工作。

英国终于成功破坏了鲁尔区的军火中心，但美国的"堡垒"式轰炸机却遭到了德国昼间战斗机的顽固抵抗；埃克上将很快意识到，他的计划若想成功实现，必须首先击败德国空军。如今与德国潜艇作战

的形势已大大好转，联合委员会的参谋长们同意调整进攻目标的先后顺序。1943 年 6 月 10 日，他们下达了一项名为"直截了当"的指令，从而修正了卡萨布兰卡决议，将攻击的重心集中在了德国的战斗机队和飞机工业上。

7 月 24 日至 25 日，英国开始对汉堡发动猛烈袭击。由于汉堡不在"欧波"盲目轰炸器的射程内，我军便充分利用了"硫化氢"盲目轰炸器。这种轰炸器装配在飞机上，无须依靠国内信号指示。该仪器能够将地面的整体轮廓投影到飞机的屏幕上，类似于现在的电视屏幕。就像汉堡的码头地区，如果地面上有水道分流，映出的图像就会格外清晰。自 1 月份"硫化氢"盲目轰炸器首次投入使用以来，轰炸机司令部已经积累了操作经验；同时，为了袭击汉堡，他们还首次启用了另外一种搁置已久的装置"窗户"。正如我们曾在前文中介绍的那样，其实就是由轰炸机投下金属纸条。这漫天飞舞的纸条与德国的雷达波长吻合且仅有几磅重，从德国雷达的显示屏上看很像飞机。这样一来，德军将很难指挥夜间战斗机追击我军轰炸机，其高射炮和探照灯也难以锁定目标。

从 7 月 24 日至 8 月 3 日，我军总共对汉堡发动了四次袭击，致使这个大城市在如此短暂的时间内遭受了前所未有的严重破坏。其中，第二次袭击集中使用了混有烈性炸药的燃烧弹，使整个城市燃起熊熊大火，哀鸣四起，任何人工消防措施都未能将其扑灭。许多人将此次汉堡空战称为"浩劫"。施佩尔本人也在战后承认，当时他曾估算过，如果德国的其他六座主要城市也连续遭受这番袭击，那么德国的战时生产线早就土崩瓦解了。然而，德国在 1943 年侥幸摆脱了这一局面。原因在于：第一，即使只是区域性轰炸，只要目标范围内没有明显的水面特征，"硫化氢"盲目轰炸器就很难发挥作用；第二，德军夜间战斗机骁勇善战，防守意志坚定。

1943 年，我们发动了第三次大规模空袭，目标是柏林。这场袭击从 1942 年 11 月持续到了 1944 年 3 月。如果柏林这个大型工业中心也像汉堡那样一蹶不振，很可能会给德国的战时生产和民众意志带来致

命打击。

面对种种艰难困苦，轰炸机司令部依旧凭借着无所畏惧的勇气和决心，坚持战斗。由于天气状况十分恶劣，大多数轰炸行动不得不依赖于"硫化氢"轰炸器的雷达定位。轰炸机在投弹时拍下的夜间画面中只有云层，摄影侦察队在昼间飞过柏林上空时拍摄的画面也是如此。尽管德国人自己承认轰炸给柏林造成的损失惨重，但是我们无法通过比较拍摄的画面，判断这十六次主要袭击的相对战果。直到 1944 年 3 月，我们才得到了足够清晰的画面，用以估计敌方的受损情况。事实证明，柏林的受损程度远不及汉堡。

与此同时，遵照"直截了当"的指令，美国第八空军袭击了敌军的战斗机队和飞机工业，但却遭到了德军昼间战斗机的抵抗。由于这批战斗机的实力不断增强，效率也逐渐提高，第八空军的损失不断加重。1943 年 10 月 14 日，战事达到高潮。当天，美军袭击了德国重要的工业基地——地处施魏因富特的滚珠轴承厂，却遭受德军抵抗，派出的二百九十一架重型堡垒式轰炸机中，共有六十架被击毁。至此，美军才承认，没有护航的昼间轰炸机无法击败德国赢得制空权。于是，在生产出能充分掩护昼间轰炸机的远程战斗机之前，他们暂停了攻势。

对于英国轰炸机司令部是否应该采用自己的战术袭击施魏因富特一事，大家似乎有所争执。最终，英美两国决定，双方空军分别发动昼间和夜间袭击。1944 年 2 月 24 日，美国第八空军在期盼已久的远程战斗机的掩护下，派出二百六十六架轰炸机发动昼间袭击；当天夜间，轰炸机司令部也派出了七百三十四架飞机参战。至此，一场针对共同目标的联合进攻才真正展开。但遗憾的是，由于战前商讨时间过长，导致这场大规模袭击的效果大大降低。其实早在四个月前，美国发动昼间袭击之后，施佩尔就有所戒备，已经将该地的战时工业分散开了。

*　　*　　*

长期以来，英美空军在采取昼间还是夜间轰炸的战术问题上各执已见，相持不下，并以高度的牺牲精神和英雄主义精神各自实践着相反的理论，这种竞争在上次袭击柏林之后达到了顶点。1944 年 3 月 30 日至 31 日，英国轰炸机司令部派出了七百九十五架飞机袭击纽伦堡，其中九十四架未能返航。这是我们在一次空袭中所遭受的最大损失，因此轰炸机司令部在继续开展深入德境的夜袭之前，重新审查了作战策略。同时这也证明，在我方坚持不懈地猛烈攻击下，敌军已从其他重要战线抽调了最优秀的飞行员，前来支援夜间战斗机队，其实力有所增强。但是，正是通过逼迫敌军集中兵力保卫德国，西方盟国才会赢得横渡英吉利海峡所需的制空权。

* * *

美国一直以来的打算都是，一旦得到远程战斗机的充分掩护，就将堡垒式轰炸机投入昼间作战，直接在空中锁定并击毁敌军战斗机，或者俯冲袭击敌军机场。经过长时间的耽搁，美国这一至关重要的需求终于得到满足。"霹雳"式、"闪电"式、"野马"式昼间战斗机依次为轰炸机提供了掩护。这些战斗机不仅备有辅助油箱，而且有效航程也从四百七十五英里延长至八百五十英里。1944 年 2 月 23 日，美国开始对德国飞机产业展开了为期一周的昼间集中轰炸。最终，美军的远程战斗机成功压制了敌军战斗机，同时昼间轰炸机也发动了精确袭击且未遭受任何干扰和损失。

这是我们对德空战的转折点。至此，美国第八空军便能在昼间轰炸德国目标，不仅精确度高，行动也更自由。由于丧失了昼间空中优势，面对我方战略攻势，德国已经无法保卫它的要害地区。直到战争结束，德国的夜间战斗机及其精锐的飞行员都不容忽视；但是抽调最优秀的飞行员支援夜间战斗机的做法降低了德国昼间战斗机的水平，促使美国空军实力实现新的增长。因此，在 1944 年，我们赢得了对德昼间作战的空中优势。等到 4 月份，英国空军采取了新的诱敌措施和战术用以迷惑敌军防守，进而再次对德国各城市发动全面夜袭。美国

第八空军已经掌握了应对敌人昼间战斗机的方法，因此他们准备通过"全天候"的轰炸来完成此次攻势。以上便是"霸王"作战计划实施前夕的局势。

＊　　　＊　　　＊

我方对德空袭的优势越发显著，而我们的炸弹在爆炸威力方面又有了新的突破，这有力增援了对德空袭。这个突破源于我们在 1943 年紧急商讨敌军火箭和导弹威胁时的意外发现。当时，对于英国的危险处境，那些专家们的态度本就消极，而在对比了我方对德投掷炸弹的威力和德方对英格兰投掷炸弹的预期威力之后，他们更是做出了大量悲观的预测。他们声称，德国的房屋远比英国的牢固，因此可以认为，每吨炸弹对英国的破坏力会是德国的两倍。在讨论这个问题时，他们理所当然地提出德国炸弹的威力几乎是英国的两倍，因为德方在烈性炸药中掺杂了铝粉。彻韦尔勋爵向我汇报了这种看法，我便下令以他为首，对此展开调查。最终，调查结果令所有相关人员都大为震惊。

> 首相致生产大臣：
>
> 　　近期，我邀请了彻韦尔勋爵针对英德两国烈性炸弹的相对威力分别展开调查，然后进行汇报。他的初步报告显示：德军炸药的优势无可置疑。
>
> 　　因此，三军参谋长强烈建议，我军应立刻改用铝化炸药①，无须等待进一步的试验结果。对此，我表示赞同。有关改用铝化炸药的相关问题，请于下周向我汇报。
>
> 　　至于为何任由上述情况出现而不加以改正，这个问题应由国防大臣负责调查。请就此推荐三名调查员并上呈他们的

---

①　铝化炸药，是由炸药和铝粉组成的混合炸药，也称含铝炸药。主要成分为猛炸药和铝粉，有的也含有其他添加剂（顿感剂、黏合剂等）。——译者注

履历，所有工作务必高度保密。

1943 年 10 月 12 日

随后，他们展开了相关调查。结果表明：早些年前，铝资源十分缺乏，我们就决定将所有铝粉节省下来，用于制造深水炸弹；如今，虽然铝资源产量充足，我们却依然坚持着这一做法。于是，我立刻下令：通过添加铝粉改进我们的炸药——首先是重型炸弹。结果，在整个战争的后半期，这些重型炸弹的威力提升了一半。我想这些发现值得引发同僚们的关注，于是我于 1944 年 2 月发出以下文件。

铝化炸药

1. 1943 年 9 月底，我们对德国的远程火箭进行了探讨。比较了英德两国烈性炸药的威力之后，有人对我方炸药提出质疑。军需大臣立即同空军参谋长商讨此事，随后后者向参谋长委员会提议：应采取紧急行动，查明事实真相；如果事实证明，英国炸药确实远逊于德国，那么主管部门需做出解释，进而提出补救方案。参谋长委员会极力支持以上提议。

2. 遵照参谋长委员会的建议，军需大臣展开调查，并于 10 月 6 日向委员会提交报告。报告明确指出：我军炸药确实劣于德军炸药；根据各个权威机构估计，如果用铝化炸药取代当前炸药，炸药威力将能提升百分之四十到百分之百。因此，彻韦尔勋爵建议，我们无须等待进一步试验结果，而应立即做好准备，改用铝化炸药。我与参谋长委员会均赞同这个建议，并立即采取了相关改进措施。

3. 此外，我还指派了沃尔特·蒙克顿爵士（担任主席）、艾伦·巴洛爵士以及罗伯特·罗伯逊爵士组成委员会，其职责包括：审查有关我方炸弹威力的报告；检验我方炸弹在当前战役中的相关试验和改进情况；上报无法成功完成研究或不能将研究结果付诸实践的可能性及原因。

简而言之，1941 年失败的试验得出了一个误导性结果，这主要归咎于当时测试爆炸压力的方法不当。另外，该项研究的负责人认为根本拿不到铝，因此在 1943 年仲夏之前，他们都不愿意再做试验。直到如上所述，军需大臣注意到德国炸药所谓的优势之后，我们才抓紧利用起新试验的结果。

4. 毫无疑问，铝化炸弹的威力远胜于我们之前所用的各种炸弹，而且我认为应当促使我的同僚们了解海军军需大臣所作出的重要贡献，即呼吁大家关注那些令人失望的事态。如果不是军需大臣加以干涉，这些事态可能还会持续一段时间，并将严重阻碍我们的战时行动。

1944 年 2 月 17 日

这一插曲表明，经常性的监督对于各大组织而言都十分有益。

＊　　　＊　　　＊

截至目前，我们依然很难判定，英美两国的联合轰炸攻势，究竟给德国的战时经济和军火生产造成了何种程度的损害。1943 年，轰炸机司令部分别对三大地区——鲁尔、汉堡和柏林发动袭击，给这些地区带来了巨大的浩劫，那些德国领导人更是惊慌失措。然而，德国依然能够利用所侵占国家的工厂，强行征用其劳动力；施佩尔也通过出色的管理，极其迅速有效地将这些资源动员起来。因此，在这些受到轰炸的德国城市中，尽管民众意志动摇，但是并未引发全国性的恐慌。

敌军在向希特勒提交的各种报告中声称，1942 年，德国的军火产量翻了一番，我们当然对此要持保留态度。要知道，尽管我方受到轰炸的程度远低于德国，但军火产量依旧受损，因此上述报告的说法不足为信。1943 年，德国人承认其军火生产已几乎陷入停滞状态，这也证明了我方轰炸司令部的实力正不断增强。到了 1944 年春天，盟国的战略轰炸机被征调至"霸王"作战计划，对德的轰炸力度也难免降

低。但时至今日，我们已然成为空中霸主。德国空军已经难以承受艰苦作战的压力。由于被迫集中力量建造战斗机，德国空军已经彻底丧失通过轰炸对我们实施战略反击的能力。从此之后，实力不均、作战疲软的德国空军，已经无力进行自我防卫，或者保护德国免遭猛攻。等到1944年底，我们已从掌握空中优势，发展为赢得绝对的制空权；而这一切应归功于获得了远程轰炸机的美国第八军。

* * *

随着"霸王"作战计划的推进，一个重大问题摆在了我们面前，即：在这场至关重要的战役中，空军强大的武器将会发挥怎样的作用？对此，英美空军当局就技术问题展开了长时间的争论，最终通过一个普遍接受的方案，即在登陆日前的三个月，投下六万六千吨炸弹以摧毁位于法国、比利时以及西德境内的德国铁路线，从而在诺曼底德军的周围制造一个"铁路沙漠"。这个计划已经进入了初期阶段，其主要目标包括多条通往诺曼底铁路上的维修站，以及位于其九十三处重要铁路中心的机车。空军战术部负责协助这个计划，并在登陆日临近之际，承担了破坏桥梁和铁路车辆的任务。4月3日，我向艾森豪威尔将军发送电报，具体内容如下：

> 今日，对于轰炸如此多法国铁路中心的提议，内阁并不看好，总体上持反对意见，因为他们认为成千上万名法国平民，不管是男人、女人还是儿童都将因此丧命或受伤。另外，考虑到这些法国平民都是我们的朋友，这项行动也许会被看得极为严重，甚至会激发法国人民对盟国空军的仇恨情绪。经决定，国防委员会应在本周之内商讨此事；随后外交部应向美国国务院表明这些意见；而我本人则应给罗斯福总统发送一封私人电报。
>
> 如今，从各个军事层面上来看，集中轰炸这些特殊目标

的论点是非常合理的。

4月5日，艾森豪威尔将军复电如下：

切勿忘记，促使我们决定实施"霸王"作战计划的一个根本因素在于：我们相信，我方强大的空军能够顺利推行这个计划；否则，这场作战纵使不被看成鲁莽的行动，也会被认为是极大的冒险行为……目前，关于轰炸德国占领区内的铁路中心的计划，反对的呼声的确很高。但我和我的军事顾问们坚信，轰炸这些铁路将会增加我们赢得这场关键战役的概率……而我个人认为，对于可能造成的伤亡人数的估计，是被过分夸大了。

＊　　＊　　＊

随着空袭这些德国铁路行动的推进，尽管法国和比利时的平民伤亡数量远低于先前的估计，但是仍令英国战时内阁感到沮丧和焦虑。

首相致罗斯福总统：

1. 战时内阁非常关心，在过去的三周里，因我方空袭法国铁路中心而丧生的法国总人数。对于这个问题，我们已同国内参谋人员召开了数次会议；而我本人也与艾森豪威尔将军和比德尔·史密斯进行过探讨。关于"铁路计划"作为短期方案的有效性，英美两国空军从过去到现在一直存在重大分歧——这种分歧不是双方各自为派，而是纵横交错的。最终，艾森豪威尔、特德、比德尔·史密斯和波特尔都亲自表示改变立场。但我本人绝不相信，这是在战争初期发挥空军力量的最佳方式；我仍然认为，德国空军应是我们主要的轰炸目标。

2. 我们初步提出这项计划时曾经提到：预计因此遭难的法国平民，包括受伤的，会有八万人，其中将有两万人丧生。看到这些伤亡数据，战时内阁震惊不已，因为这显然是空军的无情轰炸所导致的，尤其是作为轰炸主力的皇家空军；此外，内阁还指责了夜间轰炸不够精准。然而，占据七分之三轰炸总量的首轮空袭结果显示：法国平民的伤亡人数远远少于司令们的预期……

3. 空军将竭尽所能地减少这次轰炸造成的友好平民伤亡，对此我非常满意。然而，我同战时内阁共同的担忧是："霸王"计划的登陆日还遥遥在望，这些伤亡将会对法国平民造成恶劣影响。同时，这也许会颠覆法国人民对于即将到来的英美解放者的看法，从而埋下仇恨的种子。大家都知道，法国平民在登陆日当天或者之后的伤亡数会更多，但是正值战事激烈之时，英美军队的死伤概率将可能更高，他们对伤亡比例又会产生新的看法。这就是令我最为焦虑的战争过渡阶段……

4. 战时内阁希望通过我向你提出请求，即从最高政治立场的角度考虑这个问题，并就双方政府之间的问题提出你的看法。请务必谨记：一方面，这次屠杀伤及的人群是无辜友好的法国人民，而不是残酷无情的德国敌人；另一方面，我们自然了解执行"霸王"计划充满危险，同时也迫切地希望它能赢得胜利。尽管我已经以最委婉谨慎的措辞向你陈述这个事实，但还是应该让你知道，虽然法国境内的轰炸力度已经降低，但战时内阁仍然表示担忧，并且怀疑是否其他战略就不可能取得几乎同样的军事效果。不过，无论最终的解决方案如何，我们都非常愿意同你们分担责任。

1944 年 5 月 7 日

罗斯福总统于 5 月 11 日复电，内容如下：

有关英美空军对于"霸王"计划的准备工作会给法国民众带来伤亡一事，我和你一样感到痛心。

同时，我也很高兴空军会竭尽全力将平民的伤亡人数降到最少。此外，只要不会在战争的关键时刻影响我们对敌人的有效抗击，我们就绝不能放过任何能够缓解法国人抵触情绪的机会。

然而，无论空军行动会给法国平民造成多么令人遗憾的伤亡，我都不准备在此限制任何负责任的司令官开展军事行动，即使他们可能认为这会对"霸王"计划造成不利影响，并使我方进攻欧洲的盟军蒙受更大损失。

总统的答复具有决定性意义。与此同时，法国平民的伤亡率依然低于之前担心的情况。由于我方封锁了诺曼底战场，敌人的援兵难以通过铁路抵达，这极有可能是轰炸机队对"霸王"作战计划最直接的贡献。我们付出的代价终于得到了回报。

* * *

本章主要探讨的是技术性问题。其中，英美双方关于选择昼间空袭还是夜间空袭的争议，已在叙述其经受严重考验的结果时作了说明。此外，本章还谈到了我方炸弹的改进情况，雷达的各种型号及其复杂性，其阐述方式简单易懂，我相信即使外行的读者也能理解。但是，如果就这样结束，却没有向所有曾在可怕的空战中作战和牺牲的军官们致以崇高的敬意，这种做法是不对的。因为这些空战的激烈程度是前所未有的，甚至是无法想象的。而这些轰炸机队成员的斗志也达到了人类英勇牺牲精神的极限。我们有一项规定，即飞行员参加三十次空袭后必须进行休整。但很多人在参加了十几次激战后便表示，他们的胜算已越来越小。在这种普通人和机器协同作战的情况下，怎么可能有人可以幸运到参加三十次空战却依然毫发无损？麦克斯威尼是伦敦警卫处的一名警官，曾在战争初期负责保护我的安全，后来他决心驾驶轰炸机作战。我曾在他训练和实战时见过他几次。有一天，他如往常那般表现得轻松自信，却又若有所思地说道："这是我第二十九次参加空战了。"却也成了他的最后一次。深刻地体会了战争的苦难之后，我们对于这些英雄般的人物不仅充满同情和敬佩，更是被他们深深感动。他们正是凭借着自己对于国家以及高尚事业的责任感，才经受住了非常人所能忍受的考验。

我也曾提及一些战况，例如"美国派出的二百九十一架重型堡垒式轰炸机中，共有六十架被击毁"，以及"英国轰炸司令部派往纽伦堡作战的七百九十五架飞机中，共损失了九十四架"。美国每架堡垒式轰炸机共有机组成员十名，英国夜间轰炸机机组共有七名成员。而我们每发起一次进攻，每小时就会损失六百至七百名技术高超、训练有素的机组人员。这的确是一场严峻的考验。此次战争期间，英美联合对德意两国发起轰炸，飞行人员的伤亡数量超过十四万；在本章所叙述的这个时期，英美飞行员的伤亡人数甚至超过了之后横渡英吉利海峡这场重大战役的伤亡数字。这些英雄从未退缩，更未曾失败。正是由于他们的这种奉献精神，我们才赢得了胜利。让我们向这些英雄们致敬。

第四章

FOUR

希腊的内忧外患

希腊人和犹太人的启示——君主制度的问题——驻埃及的希腊海军和希腊旅的叛变——希腊国王抵达开罗——希腊军队兵变的高潮——佩吉特将军的高明手段——希腊叛军的投降——以帕潘德里欧先生为首的希腊新政府成立

希腊人和犹太人可以并称为世界上最具有政治头脑的种族。无论处境多么艰难，国难多么深重，他们总是四分五裂，党派林立，而且各党派领袖之间又总是斗得你死我活。俗话说得好，三个犹太人中必有两名首相，剩下一名则为反对派领袖。另一个著名的古老种族（希腊人）也是如此，他们不懈奋斗，其艰苦卓绝的斗争史可以追溯到人类智慧的起源时期。没有任何种族能像希腊人和犹太人这样在世界历史上留下如此浓厚的印记。外来入侵者曾给这两个民族带来了无尽的灾难与痛苦，国内冲突和动乱也从未停歇。尽管如此，它们仍显示出强大的生命力。数千年过去了，这两大种族的特性丝毫未变，面临的磨难也如同自身的生命力一样，丝毫未减。尽管饱经国内外争斗的困扰，但这两个种族仍然得以生存，并分别为人类留下了智慧的结晶。就对人类的贡献而言，世界上再没有哪两座城市能胜过雅典和耶路撒冷。它们在宗教、哲学和艺术领域的成就已经成为当代宗教和文化的指明灯。几个世纪以来，尽管这两大种族一直遭受外来者统治，受尽了难以想象的压迫，尽管内部一直争论不休，但他们乐在其中，现如今仍然充满生机与活力。就我个人而言，我自始至终都支持这两大种族，也相信他们能凭借自身所向披靡的力量，在生死攸关的内忧外患中顽强生存。

* 　 * 　 *

1941 年 4 月，盟国从希腊撤军，其后轴心国便占领希腊。于是，希腊军队瓦解，国王及其政府也被流放，这种局面在希腊政界引发了更为尖锐的矛盾。国内外的希腊人士都严厉指责希腊的君主制度，认为这种制度纵容了梅塔克赛斯将军的独裁统治，从而直接导致了现行政府的垮台。1941 年 5 月，国王乔治二世离开克里特岛，随行的政府成员主要是楚泽罗斯先生领导下的保王党分子。他们取道开罗、南非，经过长途跋涉到达伦敦，使海外的希腊团体有充足的时间来讨论政治问题。此外，希腊宪法已于 1936 年被废止，关于希腊解放后的政权问题，则必须由盟国境内的希腊流亡人士进行商讨。

我早就意识到希腊问题的重要性。1941 年 10 月，我致信希腊首相，对他首次从伦敦向被占领的希腊作广播演说表示祝贺，同时也表达我对希腊成为君主立宪制民主国家的喜悦之情。而希腊国王本人也在致国民的新春贺词中表达了同样的喜悦。若要在战争中实现希腊的统一，就必须让希腊的海外流亡人士同国内舆论保持联系。

希腊在被轴心国占领后的第一年冬季，就饱受饥荒之苦与战争创伤——前者因红十字会的救济情况稍有缓解——这场战争直到其溃败才宣告结束。但希腊在投降之时，他们已将武器藏入了山中，并计划以小规模分散作战的方式抗击敌人。在希腊的中部城镇，许多人因饥荒而参军。1942 年 4 月，这支成立于 1941 年秋季的民族解放阵线（希腊文的首字母缩写为 E. A. M），宣布组建希腊人民解放军（E. L. A. S）。第二年，不少小型作战团体也在希腊中部和北部地区活跃起来。同时，在拿破仑·泽尔瓦斯上校的领导下，伊庇鲁斯和希腊西北部山区的残余部队也与当地山区的居民集结在一起。当时，希腊的反德力量主要集中在这两大阵营，但它们都没有直接联系身处伦敦的希腊政府，对政府的处境漠不关心。

在阿拉曼战役的前夕，我们决定袭击德国的供应线，该供应线从

希腊通往比雷埃夫斯。而比雷埃夫斯既是雅典的港口，也是德军通往北非的一个重要基地。1942年秋，在迈尔斯中校的率领下，英国首支军事代表团乘飞机跳伞抵达希腊，并同当地游击队取得了联系。在游击队的协助下，代表团摧毁了雅典铁路干线上一座至关重要的高架桥。与此同时，为阻挠轴心国在比雷埃夫斯的航运，希腊特工们也开展了许多英勇出色的破坏行动。由于这些行动都进展顺利，中东司令部备受鼓舞，便将更多配有炸药和武器的英国分遣队派往希腊。这样一来，我们就同德军占领下的希腊建立了直接联系。

1943年春，希腊的英国代表团实力增强。而我们鼓励在该区域活动，还有另一个动机，即以此来掩护我们即将开展的西西里军事行动。为此，我们还特意做了一些安排，让敌军相信继突尼斯战役取胜后，盟军正计划大规模登陆希腊。英国和希腊的联合分遣队又炸毁了雅典主要铁路干线上的另一座高架桥，其他破坏行动也都成功进行。最终，德国将原本可能会用于西西里战役的两个师调往希腊。然而，这也是希腊游击队为大战所做的最后一次直接的军事贡献，此后希腊便转入战后争权夺利的局面。

希腊的政治矛盾也阻碍了游击作战。不久后，我们便发现自己陷入了复杂而又矛盾的处境。显然，希腊三大派别各自为营：首先是希腊人民解放军，该组织总人数现已达两万人，主要由共产党领导；其次是泽尔瓦斯部队，又称希腊民主军①，总计五千人；最后是保王党政治人士，他们或集中在开罗，或跟随在身处伦敦的希腊国王左右。希腊于1941年成为我们的盟国，我们也对该国元首承担着特殊义务。上述各派现都认为同盟国将有可能赢得此次战役的胜利，于是他们便一心争夺政治权利，从而使得共同的敌人从中获利。1943年3月，雅典一群重要的政治家签订了一项声明，以此禁止希腊国王在战后公民

---

① 希腊民主军，1946年至1949年希腊内战期间，希腊共产党成立的武装组织。1946年10月28日，希腊民主军成立，瓦非阿迪斯为总司令。1947年12月，民主军在希腊北部山区建立临时民主政府。鼎盛时期，成员总数达五万人。1949年8月，希腊民主军战败。——译者注

投票前回国。

重要的是，希腊国王应该表明自己的立场。7月4日，希腊国王向希腊人民做了一次广播讲话，他表示接受和解，并保证一旦希腊获得解放，就立刻进行公民选举；而且，海外的希腊政府也将在回到雅典后辞去职务，从而建立一个基础广泛的政府。但国内舆论却借助于更为直接的行动。不久之后，希腊军队中就发生了一次小规模叛变，这支军队人数不多，是我们在中东地区组建的。但希腊民族解放阵线却在中东地区大肆宣传。8月份，一个希腊代表团被派往开罗。这个代表团由6名希腊主要抗战部队的领导人组成，他们竭力主张应该在国王回国前进行公民投票，而且认为希腊国内政治人士应该在海外流亡政府中占得三个席位。但国王和首相都不同意这些主张。

在魁北克时，我收到了希腊国王乔治二世的来电，主要是关于以下事情的进展：

希腊国王（开罗）致首相及罗斯福总统：

7月4日，我向我的国民宣布：一旦希腊获得解放，他们将有权通过自由选举来决定政府的形式。

但我却突然面临着一种古怪至极的局面，来自希腊的某些人士突然到访，我想他们应该是各个游击队的代表；此外，某个旧政党代表竟打算逼迫我宣布我将在公民选举决定希腊未来政体之后再回国。……针对上述情况，此时我该采取何种政策？请你们向我提出建议，以使希腊和同盟国获得最大利益。对此，我将不胜感激。

目前，我个人倾向于继续执行离开英格兰之前我们达成的政策。尽管我为了希腊的民族利益而短暂离国，并加入盟国奋斗，但万一随后政治事态的发展让我不得不回国的话，那么我将坚决率军重返希腊。

1944 年 9 月 29 日

我对这个问题作了如下记录：

首相致外交大臣：

  如果大批英国军队加入希腊解放战争，国王应与英国和希腊军队一同回国。这也是更为可行的方案。但若是希腊军队足以强大，能够凭一己之力驱逐德军，那我们在这件事上就没有什么发言权了。这样的话，希腊国王应该按照当下的提议，要求保王党和共和党占有同等的代表席位。眼下，希腊的解放战争即将打响，和平举行公民选举的条件也尚未具备，若此时希腊国王还同意滞留海外，那么他将铸成大错。

1943 年 8 月 19 日

史末资密切关注希腊的命运，并提出了一些颇有远见的看法：

史末资元帅致首相：

  英国情报局人员将希腊爱国人士和其他党派代表带往开罗，但人们似乎严重怀疑这些情报人员反对保王派。国王乔治长期以来都坚决拥护盟国，并为盟国事业做出了巨大牺牲，我们在这场政治危机中支持他也就情有可原。我认为保险起见，你应该再次明确地向希腊政府表示，在希腊国内局势平稳、人民能决定希腊未来政体之前，英国政府会一直支持希腊国王。在盟军占领希腊后，我们应该阻止其立刻举行公民选举或大选。因为此时希腊人民情绪激愤，这种做法即便不引发内战，也有可能引起国内冲突。因此，在公众舆论尚未平息、公共安定环境尚未建立之前，我们应当继续对军事占领下的希腊实行盟国管理。而在盟国管理的过渡时期，国王乔治及其王室成员最好还是能够返回希腊，给予盟国管理以精神支持和权威象征。

  而最令我担忧的是，盟国占领希腊后，如果不采取强硬手段控制当地局势，那么在群情激愤的情况下，不仅希腊，其他巴尔干国家也将接连发生动乱。如果我们任由这些国家的人民掀起政治活动，那将会导致一片混乱并使分裂主义潮流大规模席卷这些国家。甚至连意大利也有可能面临危机，而希腊和巴尔干国家更是在劫难逃。因此，现阶段我们应当明确表示：我们打算通过盟国管理来维持公共秩序和权威，直至能在局势稳定的条件下举行地方民族自决。眼下，希腊正处于紧要关头，这关乎希腊未来的政策，你最好还是将此事作为重要问题同罗斯福总统进行商洽。现在欧洲支离破碎、满目疮痍，的确有分裂的可能。若要防范这种演变，我们只能通过供应食物、提供工作并实施暂时的盟国管理来实现。

1943 年 8 月 20 日

＊　　＊　　＊

1943 年 9 月，意大利宣布投降，这从整体上打破了希腊各方力量的平衡。希腊人民解放军得以缴获大部分意军装备，包括整个师的武器，因此在军事上占有绝对优势。9 月 29 日，我向三军参谋长发送了如下备忘录：

首相致伊斯梅将军，转参谋长委员会：
　　在这一实为政治属性的问题上，我完全赞同外交大臣的意见。一旦德军撤离希腊，我们要确保能够派遣五千名配有装甲车和布伦式轻机枪的英军前往雅典。这些部队不需要配备任何运输舰或大炮。驻埃及的希腊军队将与他们一同前去。这些英国部队的任务是对在雅典重新执政的希腊合法政府给予支持。希腊人民不会知道还有多少人正赶来支援他们。尽管希腊各游击队之间存在纷争，但他们都对英军怀有崇高的敬意，因为在希腊解放的前几个月里，希腊人民完全依靠我们来摆脱

饥荒之苦，这也使得他们更为敬重这些部队。我们只要将这些部队组织起来，就足以抗击首都地区的暴乱或农村对首都的进攻。……一旦成立了稳定的希腊政府，我们就应撤出希腊。

1943 年 9 月 29 日

这是在希腊解放期间，我们可能被迫干预希腊内政的最初提议。

由于希腊人民解放军计划在德军撤退后、有序的宪法制政府建立之前夺取政权，所以局势的发展也随之加快。今年冬季，他们几乎没有进行任何作战行动。10 月，希腊人民解放军袭击了希腊民主军，于是驻开罗的英国司令部停止向希腊人民解放军运送一切武器。当时希腊已经破败不堪，又被敌军占领，而且还爆发了内战。在这种情况下，我方驻开罗的各代表团正想方设法遏制并终止这场内战。

＊　　　＊　　　＊

开罗会议和德黑兰会议达成的决议间接影响了希腊的局势。盟军绝不会大举登陆希腊，也不可能在德国撤军后，将大批英军派往希腊。因此，我们必须考虑并作出安排，避免希腊陷入无政府状态。我们首先想到的是在党派敌对斗争中明哲保身的人物——雅典大主教扎马斯基诺斯。在开罗时，艾登先生曾提醒过希腊国王临时摄政的益处。同时，我们还希望将驻中东的希腊旅派往意大利作战，从而提升流亡政府的声望，必要时我们还可向希腊西部派遣忠实可靠的部队。

但希腊国王不同意摄政统治并已返回伦敦，如今，希腊民族解放阵线及其军事机构希腊人民解放军，已经在希腊中部和北部的山区建立了一个国中国。1944 年 2 月，在英国官员的努力下，希腊人民解放军和希腊民主军成功签署了停战协议，但该协定不大稳固。此时，苏联军队已经抵达罗马尼亚边界，这便增加了德军从巴尔干地区撤军的可能性，而在英国的支持下，希腊王室政府回国的可能性也随之增加。希腊人民解放军的领导人料想这些事有可能在 4 月份发生，于是决定采取相应的行动。

3月26日，民族解放政治委员会在山区成立，这一消息通过广播传达至全世界，这直接挑战了楚泽罗斯政府未来的权威。这样一来，另一个行政机构也随之成立，并作为团结全体希腊人民的中心。在驻中东的希腊武装力量和海外的希腊政府人士看来，这预示着希腊又将一片混乱。3月31日，一个由海、陆、空三军军官组成的团体来开罗造访楚泽罗斯，并要求他辞职。眼下，希腊局势紧张，但身在伦敦的希腊国王却不予重视。我方曾派大使利珀先生前往驻开罗的希腊政府，他于4月6日致电如下：

"我认为我必须向您坦陈己见。希腊国王当前的做法无异于玩火自焚。他未能及时意识到事态的剧变，这不仅危害了君主制的利益，更导致整个国家陷入危机。而希腊民主军已经意识到雅典的政治人士和开罗的希腊政府已组建统一阵线，这将给他们带来威胁。他们也明白，双方达成一致后将意味着希腊政府得到增援，而他们在山区建立独立政府的尝试也将宣告结束。因此，在这一过渡时期，希腊民主军便想通过煽动军队哗变以打击希腊政府。他们的煽动行为已颇具成效，而且这一成效在接下来的一段时间内也许会更为显著。"大使还写道，"楚泽罗斯先生发现自己举步维艰。雅典的大主教和各政界人士的支持为他在与其同僚合作时提供了良好的基础。但获得这种支持的前提是，他必须诱使希腊国王签订一项宪法法案，即同意任命大主教为摄政王。现已过去数周，在此期间，楚泽罗斯先生尚未收到希腊国王的最终答复，仅仅获悉国王的初步意见是持反对态度。他还没有向其同僚透露这一消息，以免引起轩然大波。……若不是民族解放阵线近来扰乱军心，这一局面本来还可以维持下去。"

当天傍晚，楚泽罗斯先生宣布辞职，并推荐其幕僚韦尼泽洛斯[1]

---

[1] 埃莱夫塞里奥斯·韦尼泽洛斯（1864—1936年），伟大的希腊革命家，政治家、外交家和思想家，曾经七次出任希腊首相与总理，他在政治、军事、社会、经济和宪法上的一系列改革以及他那充满了魅力的外交活动带来了希腊历史上的一个黄金时代，被后人尊称为"现代希腊之父"。——译者注

继任，韦尼泽洛斯时任海军大臣。4月4日，希腊军队发生了动乱，其中包括我原想派往意大利作战的希腊第一旅。4月5日，驻开罗的希腊宪兵司令部被一百名叛变份子占领，随后英军和埃及警方不得不包围这些叛军，并顺利将其载往隔离营。在亚历山大港，一位希腊海员工会的领导人连同其三十名追随者，在他的寓所周围架起路障以抗击埃及警方。另外，希腊皇家海军的五艘军舰宣称他们拥护共和政府，并要求现行政府人员全体辞职。虽然希腊政府的全体人员都向国王递交了辞呈，但他们都同意在辞呈获批前继续留任。

* * *

由于艾登先生不在伦敦，此时将由我主管外交部。这样一来，我便能得心应手地处理外交事务。同时，我向地中海最高盟军司令部发送了如下电报：

> 首相致威尔逊将军并抄送亚历山大将军：
> 　　早在三个多月前，我们就同意将希腊旅从埃及派往意大利，参加盟国的反攻作战，并且必要时无须配备战车。我得知现已有一个连队抵达该地，且剩余部队也将在本月陆续赶到。为什么调动如此之少的士兵还会一直出现延误和问题？他们停留在埃及时会很容易受当地的叛乱分子影响。俗话说，恶魔总能找些坏事给游手好闲的人去做。所以，请务必尽快将他们运出埃及，并将他们集中在意大利南部某个合适的城镇。我认为此事虽小却意义重大，不应拖延这么久。
> 　　　　　　　　　　　　　　　　　　　　1944年4月5日

我也于4月7日致电楚泽罗斯先生，内容如下：

> 　　听到你辞职的消息，我十分震惊。因为在希腊民族生死

存亡之际，你的辞职会令这个国家陷入绝境。我刚与希腊国
王见面，他说他还未接受你的辞职，并将于下周前往亚历山
大港。你肯定会期待他的到来。

如今，希腊陆军和海军面临的局势已进一步恶化，而韦尼泽洛斯
也表示，他不会接任楚泽罗斯的职位。4 月 7 日，楚泽罗斯先生回电
道："在当前危机尚未找到合法的解决方案之前，我应坚守原职，因为
这既是希腊法律的规定，也是你所期望的。如果国王打算等回到埃及
后再化解这一危机，恐怕为时已晚。"

4 月 7 日，利珀先生致电外交部：

> 希腊此刻所发生的一切丝毫不亚于一场革命。一个临时
> 性的希腊流亡政府，因为流亡而受尽苦难。在这种情况下，
> 它还在设法挽救当前希腊的局势。然而，政府的应对行动已
> 彻底失败，而在征得远在他国的希腊国王的同意之前，任何
> 的合法改革都无法进行，这为该政府增添了更多阻碍……

但我国大使却希望，这一问题能在国王不在时于开罗得到解决。
"如果希腊国王现在回到开罗，这势必会引起新的问题。楚泽罗斯及其
同僚也都强烈赞同这一看法。因为当前局面会使国王感到孤立无援而
且无能为力，对我们而言，这也将非常尴尬。"于是，我国大使请求外
交部想尽一切办法，阻止希腊国王回到开罗。"鉴于我们目前所处的环
境，我认为你们应该听取当地人士的建议。这些人也都赞同我的这一
观点。"

*　　*　　*

当天，我同希腊国王共进午餐。我把大使那封电报拿给他看，未
加任何评论。他表示他将即刻动身赶回开罗。我认为他的这一举动非

常正确。

首相致利珀先生：

我已同希腊国王商讨了当前这一形势。他决意周日晚上就搭乘飞机返回开罗。尽管你在电报（我已经拿给国王看过）中表示不赞同这种做法，但我认为这是明智之举。若真如你所说的那样，开罗发生的事件是一场希腊革命，那我不能劝他置身事外，任由这件事在他缺席的情况下得到解决。……与此同时，我们应该警告希腊当地的政客和煽动者：我们会毫不犹豫地采取大量安保措施来防止煽动行为和示威游行，因为这些活动也许会威胁埃及的法律和秩序，以及希腊国王及其政府的地位和权威。……你应该向楚泽罗斯先生转达，我相信他会留守原职，直至当前危机得到合法解决。

在这种情况下，你要展现出英国外交人员沉着冷静、应付自如的办事风格。

1944 年 4 月 7 日

次日，我再次致电并补充以下内容：

首相致利珀先生：

如果天气状况良好，国王将于周日晚出发。在此期间，楚泽罗斯先生有义务留任原职。当然，如果他能让索福克莱斯·韦尼泽洛斯先生与他一同留任，那就再好不过。国王抵达开罗后，英国安保部门务必要确保他的人身安全。他也许需要几天的时间来做决定，在此期间我们决不能催促他。我打算让军事司令员尽快将希腊旅调往意大利。当然，他们会肃清其中违抗命令的人。同时，我希望海军上将也能采用这种方式，维持受他指挥的所有舰只的纪律，若非必要，决不能动用武力。

对你个人而言，这也是个大好机会。你应该坚决执行我的指示，不必有所顾虑。你说现在正处于水深火热之中。此时此刻，你还期待生活能好到哪里去？不过，请切实仔细地遵照我的指令：第一，维持各武装部队的秩序和纪律；第二，确保希腊国王的人身安全；第三，竭力劝导楚泽罗斯留任，直到希腊国王回国并有时间视察周遭局势为止；第四，设法让韦尼泽洛斯与楚泽罗斯一同留任；第五，以虔诚得体的方式庆祝复活节。

1944 年 4 月 8 日

4 月 8 日，一艘希腊驱逐舰拒绝执行出海命令，其船员表示，除非建立一个包括民主解放阵线代表在内的希腊政府，否则拒不出海。叛变的希腊旅已经在其营地周围占据了防御阵地，估计希腊空军的各小分队也会发生动乱。迫于这种局面，我打消了将这批希腊旅派往意大利的念头。后来，我致电佩吉特将军，他当时正在埃及指挥当地的英军。电报内容如下：

首相致佩吉特将军：

　　这个希腊旅胁迫长官、进行叛变，我们应该切断他们的一切供给，以此迫使他们投降。但你为什么不切断水源供给？这难道不会更快达到预期效果吗？显然，我们应该解除这些军队的武装。事到如今，我不得不打消将他们派往意大利的念头。请务必将缴械计划详细上报。我们不能容忍这些最终由我们负责的外国军队发动政治革命。无论如何，我们都应派遣大批英军进行镇压，使流血事件减至最少。

1944 年 4 月 8 日

同时，我还致电利珀先生，向他全面阐述了我们的政策，以便他在同希腊人士打交道时能派上用场。

首相致利珀先生：

我们已明确同希腊国王领导的政府建交。希腊国王是英国的盟友，而那些流亡人士个个野心勃勃，我们不能为了迎合他们一时的欲望而将希腊国王弃之不顾。希腊无法通过这些游击队来体现其宪法精神。因为在大多数情况下，这些游击队与土匪别无二致，他们在伪装成希腊的救世主的同时却又剥削当地百姓。必要的话，我会公开斥责这些土匪分子和这种发展趋势，以此表达大不列颠对希腊的关怀。过去，我们对希腊人民遭遇的苦难分担得不多。哎，这是因为当时我们还没有现在这样的武装力量。现在，我们唯一的希望和关注点是，看到希腊成为地中海东部一个辉煌、自由的国家，成为战胜国光荣的朋友和盟友。因此，让我们全力以赴来实现这一目标，让我们明确表示一切不轨行为都不会被忽视。

我曾为了将这个希腊旅调往意大利而煞费苦心。他们在意大利也许仍会参加计划于今年夏天进军罗马的行动。这个旅是希腊第一旅，它所代表的希腊军曾战胜了意大利侵略者，却在德国大军实施狡诈残暴的干涉后宣告被击败。不管是过去还是现在，这支军队都有机会提升希腊在世界上的威望。但令人遗憾的是，他们竟会在这一机会面前发动叛变，他们的所作所为毫无尊严可言，甚至为人所不齿，而且大多数人会将他们的这一行为看作是无耻的临阵退缩。

同样，希腊海军拥有大批英勇的水手，并在维护国家声誉方面发挥了重要作用，他们不应突然干预政治事宜，并擅自向希腊人民鼓吹宪法体制。我相信，如果上述两支军队由颇具胆识的人来领导，并以强大的军事力量作为后盾，那它们将会重获高度的国家荣誉感和责任感。

一直以来，我都设法让希腊在战胜国委员会中重新获得重要地位。可见，我们是如何大费周章，才将希腊纳入意大利咨询委员会。同时，我还试图派遣一个希腊旅前往意大利，

并让他们加入即将在此取得胜利的战役。而那些身在埃及的希腊人士在我们的庇护下也安然无恙，他们有的配备了我们的车辆和武器，有的则在英国中东司令部的军事统治下获得保障。这些人是他们自己的国家——希腊的儿女，他们有义务对自己的国家尽忠职守，如果他们任由当前希腊国内的纷争糟蹋这个国家，那他们终将沦为历史上卑鄙无耻之人。若是他们自私自利或鲁莽行事，将会轻易使得希腊在国内外都难以立足，而他们自己也将遗臭万年。

希腊国王是人民的公仆，他没有宣称要统治他的国民。只要希腊局势恢复正常，他就服从民众公决。他本人及其王室将完全听从希腊民众的安排。另外，一旦赶走德国侵略者，希腊人民将能充分按照自己的意愿建立一个共和国或一个君主国。希腊人民遭到德国的严重摧残，如果不是伟大盟军的不懈努力，他们早就被消灭了，他们怎能不对这一共同的敌人怀恨在心呢？

1944 年 4 月 9 日

* * *

佩吉特将军刚向我报告，他说希腊第一旅已经叛变，并拒绝按照他的指令上交武器。对此，他提议采取直接行动来执行这一命令。4月9日，我致电于他："这些小规模事件正迅速发展，我完全赞成你的行动措施。如果能在不造成任何流血事件的情况下控制该旅，那就是你的成功。请务必使这个旅俯首就范，我会给予你支持。"

这个希腊旅如今已被优秀的英军包围。该旅兵力达四千五百人，还有五十多门大炮，且全都被安置在防守阵地上以抵抗我们的进攻。4月12日，我向利珀先生和所有相关人员下达了进一步指示，内容如下：

"在政治问题上，我们根本无须同这些叛军谈条件。他们必须无条

件回到自己的岗位，必须无条件上缴武器。不要向他们作出任何保证，如果不严惩此次事件的主谋，那就太说不过去了。……至于是否宽大处理，将由希腊国王决定。请在采取任何决定性行动之前，向我汇报这一问题的处置方式。"

我再次发出以下指示：

首相致利珀先生及所有相关负责人（开罗）：

在开火之前，你们务必要断绝营地和港口地区的供应。而且你们应该充分利用封锁这一武器，以提防敌方的突围行动。切勿过分顾虑外界影响，更不能表现出你们亟须谈判的情绪，你们要做的就是用大炮和优秀的兵力将他们包围，从而让他们饱受饥饿的折磨。除非我特别下达命令，否则绝不能接受来自美苏两国的任何援助。现在，你们手上有充足的兵力听任差遣，还有富足的时间可供使用。与建立一个独有的希腊政府相比，迫使这些（叛军）服从正当纪律更为重要。如果我们批准一个旅或一支小舰队插手这些政治问题，那形势只会更加恶化。

我最新收到的情报显示：希腊旅的局势有好转的迹象，而且他们已经耗尽了口粮。请你们充分利用这些态势，并随时向我汇报情况。

1944 年 4 月 14 日

次日，我又发送了如下电报：

首相致利珀先生：

不要受到当地希腊人士反英情绪的影响。若是以无关痛痒的柔和方式解决这个严重问题，那将大错特错。或许在不久后，希腊国王和他的新政府将会宽大处理。我们务必要让这批叛军无条件缴械，我也相信这次行动不会造成任何流血

事件。

1944 年 4 月 15 日

＊ ＊ ＊

在此期间，希腊国王已经抵达开罗，并于 4 月 12 日发布一则公告，表示将成立一个主要由希腊人民组成的代表性政府。次日，韦尼泽洛斯接任了楚泽罗斯的职位，并秘密采取措施将代表们接出希腊首都。

现在，我已经向罗斯福总统汇报了所有情况。他对我的看法以及希腊国王乔治的行为都表示赞同。

首相致罗斯福总统：

　　由希腊民族解放阵线支持的政治委员会刚在希腊山区建立，紧接着希腊陆军和空军内部便爆发兵变。这些极端分子长期以来一直在扰乱希腊军队，并妨碍他们效忠其合法的国王和政府，如今他们肯定会抓住这个天赐良机，公开发起暴动。这些持不同政见的人无疑是反对希腊国王、支持共和的。但纵观整场动乱，他们几乎没有直接攻击国王的个人地位，只是提出具体要求，即希腊政府应该采取直接有效的行动承认并联合希腊政治委员会。

　　这次危机爆发的时间也很不凑巧，因为楚泽罗斯先生已经邀请了雅典很多保持中立的政治家，敦促他们迅速赶到开罗并加入新政府。他还邀请了希腊民族解放阵线的各位代表。楚泽罗斯将竭尽所能，建立一个真正具有代表性的希腊政府。

　　在组建新政府方面，楚泽罗斯获得了他的同僚们的一致支持，看来他们并未参与扰乱希腊军队的行动。然而，他们非常嫉妒楚泽罗斯的地位，并利用希腊陆军中的兵变逼他下台。虽然起初规模并不大，但等到楚泽罗斯察觉到局势时已

经失去控制，因此他便选择辞职并提议让韦尼泽洛斯接任希腊总理。而希腊陆军的兵变已经迅速蔓延到海军，进而引发了海陆两军的全面叛乱。开罗的政治家们意识到，这个问题已不仅仅是个人争夺权利或为满足野心，他们唯一能想到的解决办法是，物色一位因左翼思想而臭名昭著的人选来担任总理，因为军队中的叛变分子只会接受这样的人。

希腊国王不愿接受这样一个新政府，因为这个政府的组成人员实际上大都听命于叛军。他认为，在合法改组希腊政府之前，必须先恢复希腊武装部队的秩序。我完全同意他的看法，也曾指示英国大使前去希腊政府竭力说服希腊各大臣留守原职，直至国王返回开罗视察形势。令我高兴的是，他们遵照了这一指示。另外，我还向中东各军事当局发出指示，即在司令官的指挥下重整希腊军队的军纪。虽然希腊海陆两军的军纪尚未完全恢复，但我们正在孤立这些叛乱分子，一旦我们抓获事件的主谋，便能迅速平息这场兵变。

希腊国王现已抵达开罗。在亲自研究当前局势之后，他将组建一个新的希腊政府，该政府由韦尼泽洛斯领导。

1944 年 4 月 16 日

而后，罗斯福总统向我发送了以下这封非常有用的电报：

罗斯福总统致首相：

感谢你将希腊加入我们盟国作战后近期遇到的困难悉数告知于我。

我和你一样，都希望你处理这个问题的行动方针能让希腊军顺利回到盟军的阵营，并加入抗击野蛮人的战斗，这才无愧于希腊历史上的英雄们所树立的传统。坦白地说，我的家族以及我个人为希腊独立所做的贡献前后超过一百年，因此我对当前这种局面感到十分痛心。我希望世界各地的希腊人能以大局为重，掌握分寸。也请每个希腊人都想想他们辉煌的过去，顺应当前形势的要求，摒弃个人私欲。如果有需要的话，你也可以对上述内容进行引用。

1944 年 4 月 18 日

首相致罗斯福总统：

　　非常感谢您的来电。我已经指示我方人员，向希腊国王及其新任大臣传达您的来电内容，并向叛变的希腊旅和负隅顽抗的舰只宣读您的电报。这种做法可能会产生有利影响。

1944 年 4 月 18 日

＊　　＊　　＊

由于亚历山大港的事变已经达到高潮，我便致电海军总司令：

　　你应该向"阿韦罗夫"号巡洋舰的高级长官明确表示，就算他们保证不使用枪炮也得不到我们的酬答，因为必要时我们会向叛军开火。无论是希腊海军中的军官还是海员，他们都无权干预新政府的组建工作，他们的职责是服从伟大盟国承认的希腊政府下达的命令。

1944 年 4 月 17 日

而希腊旅的兵变也逐步发展成一场危机。

首相致佩吉特将军：

　　如果你认为有必要向叛军营地开火，请考虑向瞄准你方的炮垒直接试射几枚炮弹。如果对方没有反应，就隔一段时间再发射更多炮弹；如果他们还负隅顽抗的话，那你便可将我方准备发射的火力直接告诉他们。虽然我们计划进行大规

模的武力攻击，但要尽可能避免屠杀。现提议由英方负责此次行动，而不是由势单力薄、摇摇欲坠的希腊政府负责。

1944 年 4 月 22 日

佩吉特将军的回电如下：

佩吉特将军致首相：

　　我将按照您的建议制订行动计划。为进一步观察叛军营地，我们必须先拿下希腊军队在高地的两个哨点。这个任务只能由步兵完成，而且只能在黎明前进行。因为天亮后，我们将在他们的营地上空释放十分钟的烟幕。等烟雾消散后，我们再从空中抛下传单，告诉他们第二波烟幕将持续半个小时，打算弃暗投明的人可以在烟幕的掩护下来到我方营地。但如果之后叛军仍然冥顽不化，那我们将向他们其中一个炮垒发射几枚炮弹，然后再停火一段时间等他们投降。我们将反复实施这种作战方法，直至将他们的枪炮消耗殆尽。如果叛军还是不投降，那就有必要安排步兵在大炮和坦克的火力掩护下，突袭他们的营地；但据说叛军的反坦克武器配给充足，因此我们的坦克只用于狙击，不会开进营地。此刻这些叛军必定粮食紧缺，但他们已从当地的阿拉伯人那里得到些许帮助。事实证明，严密包围叛军营地是无法切断他们的粮食供给的。

1944 年 4 月 23 日

　　当天晚上，忠诚的希腊海员登上了叛变的希腊舰只，近五十名叛军伤员被集中送往海岸地区。眼下，佩吉特将军希望在不造成流血事件的情况下，通过和谈劝降这个希腊旅。和谈的相关事宜进展得非常顺利，隔日我就能告知罗斯福总统：经过小规模抵抗，英军已经占据了能眺望希腊营地的主要哨点。这些哨点位于山脊上。希腊方没有造成伤亡，但英军中有一名军官牺牲。最终，这个希腊旅放下了武器，并在投降后被押往战俘营，兵变的主谋也在那里被一并抓获。而在二十四小时前，叛变的希腊海军就已经无条件投降。

我对佩吉特将军说道："你行动果断、有勇有谋，祝贺你大获成功。"

对此，罗斯福总统也感到欣慰：

罗斯福总统致首相：

获悉你已成功解决希腊海陆两军的兵变问题，我非常高兴。愿你在埃及政治问题上所作的努力，也能同样取得成功。此外，我们通过在意大利开展有力行动以辅助"霸王"作战计划，而且在确定了发动全面进攻的日期后，这一计划的前景确实更为乐观。鉴于我们推迟了"铁砧"计划，因此目前看来，我们很有必要在意大利取得实质性胜利。

我现在在疗养院里，这里一切顺心。医生也认为我的身体状况有所好转。

1944 年 4 月 26 日

*　　*　　*

一直以来，我们都让苏方掌握了这些事件的进展，一是通过直接致电莫洛托夫，二是通过驻开罗的苏联大使传达函电告知他们。但苏联政府却一味地指责我们的行动，5 月 5 日，我们在莫斯科正式请求苏联与我们一同处理希腊问题。但苏方的回复是，干涉希腊政治事务的任何公开声明都有失妥当。

*　　*　　*

叛乱平息后，希腊政府的成立问题又变得尖锐起来。人们认为韦尼泽洛斯不适合担任希腊总理，于是从希腊国内特别选拔了社会民主党领袖——帕潘德里欧，他于 4 月 26 日正式上任。次日，帕潘德里欧便发表了一项声明，即制订希腊各党派的参会日程，希腊山区的领袖也包括在内。5 月 17 日，这些代表们在黎巴嫩一个山间度假胜地开会。经过长达三天的激烈辩论，代表们同意在开罗建立一个以帕潘德里欧为首相并包括各个团体代表在内的政府。而在希腊的山区地带，将成立一个联合军事机构继续抗击德军。这种安排使希腊的前途一片光明。

5 月 24 日，希腊新政府发表了声明。同日，我就这些情况向下议院作了以下报告：

> 黎巴嫩会议上，各党派领袖经过长时间商讨，已达成了一致意见。而且希腊新政府将包括各党派代表，该政府将致力于组建国民军，并将所有游击队整编在内。毕竟这是唯一值得考虑的目标。该政府也力求能凭借这支国民军赶走外敌，或最好能就地消灭这些敌军。

> 周一，各新闻媒体刊登了（希腊）左翼党派给我的来信，信函的内容令人十分欣慰。帕潘德里欧先生的来信也刊登在今日的报纸上，他在信中表达了对希腊新政府未来的期望，并对我们为解决这些问题所提供的帮助表示感谢。我将这些问题称为"失败病"，如今希腊有机会摆脱该疾病的困扰。我相信，在肃清国内外侵略者的斗争中，当前的形势预示着希腊将迎来一个焕然一新的开端，我希望并祈祷事情能如我所愿。因此，我向下议院报告：希腊局势已经发生了显著而有利的变化，这种变化已远远超出我上次报告这个问题时所谈到的内容。

至此，希腊这段惊心动魄的插曲圆满结束。虽然同大规模作战行动相比，它的波及范围很小，但也很有可能会引起无休止的争端，从

而妨碍我们的事务。由于我个人直接负责此事，因此我详细地记录了整件事情的经过。我在发出所有电报之前，都先在战时内阁中传阅，而这些同僚丝毫没有妨碍我的行动自由。我们的军事司令官凭借着势不可挡的战斗力、意志力和耐力，平息了这些激进军队发动的政治兵变，这无疑是一次巨大的胜利，而且未发生任何流血事件，除了一名英国军官——来福枪旅第二营少校科普兰壮烈牺牲，但他绝没有白白牺牲。

我们在欧洲和世界的这个中枢点（希腊）所经历的种种困难和斗争，将会在后面的相关章节进行详细论述。然而，大致看来，我认为我的政策在种种事件的证明下都行之有效，而且不仅是在战争时期，在我撰写本书的当下亦是如此。

第五章

FIVE

缅甸及其外围战事

回顾过往——盟国占据海上与空中的优势——对日作战取得重大进展的一年——美国越过"驼峰"航线的空运情况——成功开辟缅甸战场——日本计划进攻印度——温盖特精彩的"远程突破部队"行动——日本对英帕尔发起进攻——战事达到高潮——空运决定一切——史迪威将军成功夺取密支那——英帕尔周围的战斗——日本进军印度的行动失败

为了让大家了解我们在太平洋上对日作战的总体情况，请各位读者先回顾一下近一年的发展形势。眼下，美国和澳大利亚联邦都已在该战场投入主力，奋力作战。

截至 1943 年下半年，日军占领之下的新几内亚东端已经失守。在进攻菲律宾群岛之前，麦克阿瑟将军必须先行收复新几内亚北海岸。美国第四十一师的部分军队已向萨拉马瓦行进，6 月底，其他部队经由海路在其附近完成登陆。这些军队将与来自伍沃的澳大利亚第三师会师，然后开始进攻萨拉马瓦。此次进攻目的明确，就是为了吸引敌军在莱城的增援部队，而莱城是下一个主要目标。莱城的进攻行动已于 1943 年 9 月 4 日展开，当时澳大利亚第九师在距离该城东面十英里的海岸登陆，并在阿拉曼战役中一战成名。次日，美国伞兵部队在马克汉姆峡谷的纳德扎普着陆，他们在澳军先遣部队的帮助下迅速在当地修建了飞机场。澳大利亚第七师空降之后便立即向前推进。莱城腹背受敌，我们于 9 月 16 日占领该城。早前，我们就已攻陷萨拉马瓦，而芬什哈芬也于 10 月 2 日沦陷。这些城市都曾进行激烈反抗。在从莱城往西北方向延伸的马克汉姆峡谷中，有大片地方可修建机场，因此，澳大利亚第七师迅速抢占先机，通过一系列空袭占据了大片区域。上述每一项军事行动都计划周详、执行妥当，海陆空三军作战部队更是实现了高度紧密配合。

占领芬什哈芬之后，澳军随即遭到了日军的猛烈反攻，10月下旬，双方多次进行交战。截至11月中旬，澳大利亚第五师越过休昂半岛的山脉继续前进，在这期间，他们攻克了许多防守森严的据点，与此同时，澳大利亚第九师则在能俯瞰马克汉姆峡谷的高地进行扫荡。1944年1月初，美国第三十二师的部分军队在赛多尔完成两栖登陆行动，并于2月11日同澳大利亚第五师在该地会合。耗时五个月，他们终于肃清了休昂半岛的敌军。在当地作战的日军多达一万两千人，只有不到四千两百人生还。

4月，麦克阿瑟将军实施了"蛙跳"战术①——从海空两路迅速向前跃进四百英里。他绕过驻扎在威瓦克②附近的五万日军，派遣美军的一个师在艾塔佩登陆，另外两个师则在荷兰迪亚附近登陆。如此一来，他们便重创了日本空军，并摧毁敌军三百八十架飞机。此后，盟军便在海空方面取得绝对优势，而麦克阿瑟进军选择了于己有利的目标进行袭击，并将日军大面积的袋形阵地留待日后解决。麦克阿瑟进军最后的打击目标是比亚克岛③，美国第四十一师与岛上近一万名驻军展开了激烈战斗。一支由十二艘日本战舰组成的护航队试图运送增援部队，但在我方空军的轰炸下，他们或被击沉，或受重创。在1944年6月底之前，美国一直派遣重兵占据该岛。这标志着持续两年之久的新几内亚战役至此结束。在这场战役中，由于敌军顽强反抗、自然

---

①　"蛙跳"战术，即跳出线性思维的束缚，在层层设防的敌阵中，超越前线直入腹地，夺占一个个中心要点。这种战术最早诞生于第二次世界大战后期的太平洋战场，当时美军将领麦克阿瑟和尼米兹放弃了一线平推的传统做法，选择跳跃前进，越岛攻击，仅花半年时间便突破日军内防线。——译者注

②　威瓦克，又称"韦瓦克"，是巴布亚新几内亚东北部沿海城镇和港口，东塞皮克区首府。位于塞皮克河口以西120公里，港湾优良。——译者注

③　比亚克岛，面积为2455平方公里，是印度尼西亚巴布亚北部海岸外斯考滕群岛的最大岛屿。岛上主要城市比亚克，是巴布亚的交通中心。——译者注

条件恶劣、疫病猖獗以及交通落后，因此它堪比历史上任何一场艰苦的战役。

＊　　＊　　＊

1943 年 7 月初，麦克阿瑟进军进攻萨拉马瓦，与此同时，远东地区的海军上将哈尔西①也向新乔治亚岛②发起了进攻。经过数周的激战，美军成功占领了新乔治亚岛及其周边岛屿。空战重新主导战局，不久之后便发挥了决定性作用。日本空军损失现已超过美国，其比例约为四比一或五比一。

七八月份，美军通过一系列海上行动获得了制海权。到 9 月份时，日军的中坚抵抗力量已经瓦解，尽管他们在布干维尔岛和其他岛屿仍展开激烈战斗，但所罗门群岛战役已经于 1943 年 12 月宣告结束。这些由敌军控制的据点目前也不再反抗，我们可以安全绕过它们，任其自取灭亡。

位于新不列颠的拉包尔已成为下一个进攻点。11 月至 12 月期间，盟国空军不断向该地发起猛攻，而在 1943 年的最后几天，麦克阿瑟将军的两栖部队在新不列颠西端的格罗斯特角登陆。他决定绕过拉包尔，另建一个基地，以便向菲律宾进军，而这个基地就是马努斯岛，该岛位于阿德米勒尔提群岛，由麦克阿瑟将军掌控。1944 年 2 月，美军攻占了距拉包尔东部一百二十英里的格林岛，完成了第一阶段的包围行动。紧接着，美军又成功地占领了拉包尔西部的整个阿德米勒尔提群岛。3 月，哈尔西海军上将迅速占领了拉包尔北部的埃米劳岛，最终

① 哈尔西海军上将，全名小威廉·弗雷德里克·哈尔西（1882—1959 年），又译为海尔赛、豪尔锡、赫尔西。第二次世界大战期间，在太平洋地区指挥多次战役并获得胜利。因作风勇猛而获绰号"蛮牛"，又因为人随和被称为"水兵的海军上将"，是二战中美军人气最高的将领之一，深受部下爱戴。——译者注

② 新乔治亚岛，位于所罗门群岛中部，是日军南太平洋主要海空基地新不列颠岛的屏障。——译者注

彻底孤立拉包尔。这样一来，美军便完全掌握了这些岛屿的制海权和制空权。

＊　　＊　　＊

与此同时，尼米兹海军上将开始集结美国海军主力，旨在越过赤道附近的岛屿群，这些岛屿群正是保卫日本军舰基地的前哨据点，而日本军舰基地位于加罗林群岛中的特鲁克岛。尼米兹上将将位于岛屿群最东端的吉尔伯特岛选为第一个攻击目标，该岛于1941年在英国的手中失守。1943年10月，斯普鲁恩斯海军上将被任命为太平洋海军司令，他曾在中途岛战役中名扬四海。11月份时，哈尔西正在进攻布干维尔岛，而斯普鲁恩斯也向吉尔伯特群岛中的塔拉瓦岛发起进攻。该岛防御固若金汤，由三千五百名日军据守。尽管我们事先发动了猛烈空袭，美国第二海军陆战队在登陆时仍遭到激烈抵抗。双方苦战四日，伤亡惨重，美军最终还是占领了该岛。

清除塔拉瓦岛上的敌军后，向吉尔伯特岛西北面的马绍尔群岛进军的道路便畅通无阻。1944年2月，美军展开了以马绍尔群岛为目标的两栖作战行动，并于2月底取得胜利。此次行动是迄今为止在太平洋地区所尝试的规模最大的一次行动。之后，斯普鲁恩斯上将便马不停蹄地展开下一步进攻，即通过空袭削弱日军在加罗林群岛和马里亚纳群岛的防守力量。这些军事行动有一个显著的特点，即充分利用海上进攻的灵活性。欧洲方面，我们在英吉利海峡狭隘的海域上集结了大量军队，为"霸王"计划做最后部署。而斯普鲁恩斯上将的航空母舰便分布在广阔的海域，以便向马里亚纳、帕劳和加罗林群岛发起进攻，这些岛屿都在日军的防御范围之内，同时还为麦克阿瑟将军进攻荷兰迪亚提供援助。在"霸王"计划执行前夕，日军各方面的力量日渐削弱，其在中太平洋的防御系统也漏洞百出，瓦解它的时机已经成熟。

马歇尔将军在总结西南太平洋上的行动报告中指出，在这一年多

的时间里，盟军"已向日本帝国的心腹之地推进了一千三百多英里，并切断了至少十三万多日军的后路，使他们求助无门"。

* * *

东南亚的帷幕拉开之后，此时呈现在读者眼前的面貌焕然一新。十八个月以来，日军一直控制着一个覆盖其早期占领区的巨大弧形防御带。该防御带自缅甸北部和西部丛林密布的山脉延伸，英印两军曾在此与日军短兵相接，接着穿过海洋到达安达曼群岛、苏门答腊和爪哇等大量荷属领地，再由此向东沿着一连串小岛绵延至新几内亚。

美军已在中国成立了一个轰炸机队，他们在攻击敌军于中国和菲律宾之间的海上运输线方面成绩斐然。美军打算进一步在中国建立远程轰炸机基地，以便轰炸日本本土。另外，由于滇缅公路已被切断，美军准备沿着喜马拉雅山南部支脉，通过空运向中国军队和本国军队输送一切物资；他们将这条航线称为"驼峰"航线。我向来提倡通过空运向中国提供援助，同时改善航线，保护机场，但我希望，这项任务能由那些主要依靠温盖特型机种进行空中运输及空中给养的部队完成，只不过须扩大规模。而美方则希望不断增加空运，加大对中国的援助力度，并辅之以陆路运输，因此他们便向英国及英属印度提出诸多要求。美方敦促修建一条公路①，他们认为此事迫在眉睫且至关重要。该公路以他们在利多的大型机场为起点，穿过五百英里的丛林与山脉到达中国境内。目前，从阿萨姆到利多只有一条单线窄轨铁路。而这条铁路又早已另作他用，比如为据守前线的部队输送物资等。但为了修建通往中国的公路，美方要求我们立即夺回缅甸北部。

当然，我们希望中国继续坚持抗战，并在中国境内进行空军作战，但我们需要统筹兼顾。我强烈反对未来在缅甸北部进行大规模作战。

---

① 利多公路，又称"中印公路"，是第二次世界大战期间中美两国合作修建的、自印度利多（现译雷多）至中国昆明的国际军用战略公路，曾被命名为"史迪威公路"。——译者注

因为该地并不利于对日作战。而修建一条从利多通往中国的公路工程浩大，任务艰巨，等修好之时还未必能派上用场。即便这条公路能够及时完工，能为参战的中国军队提供援助，这对他们的作战能力也毫无帮助。在我看来，由于同盟国向太平洋和澳大利亚推进，我们便获得了距离日本更近的机场，这样一来，对美国在中国建立空军基地的需求便会减少。考虑到这两点原因，我们认为修建缅甸公路将耗费大量人力物力，不免会得不偿失，但我们未能令他们改变初衷。他们的民族心理是这样的，目标越高，就越要全神贯注、坚定不移，从而夺取最后的胜利。若是目标合理，这种品质当然无可厚非。

我们当然想收复缅甸，但交通线路不够发达，作战地区环境险恶，我们并非一定要在这种情况下向陆地进军以收复缅甸。缅甸南部还有港口仰光，其价值远远超过缅甸北部。但缅甸与日本相距甚远，若是我军在此处耽搁或是卷入纷争，那我们将无法分享远东地区胜利的喜悦。我反而希望我军能将日军牵制在缅甸，然后突破或穿过由荷属东印度外围岛屿组成的巨大弧线。这样一来，我们的整个英印战线便能穿过孟加拉湾，利用各个站点的两栖军力向前进军，与敌人短兵相接。尽管双方已从最初的各执己见到最后的坦诚商讨，并齐心协力共同执行任务，但我们之间仍然存在着分歧。读者在了解这场战役的经过时，应该结合当时的特定背景：地理条件、有限的资源以及相左的政见等。

＊　　　＊　　　＊

罗斯福总统明确地向我陈述了华盛顿的立场。

罗斯福总统致首相：

　　我的三军参谋长都一致认为，我们横跨大西洋的主要中间目标位于中国海岸—吕宋这一带。我们近期在吉尔伯特群岛和马绍尔群岛的作战取得了胜利，这表明我们能加快向西前进的步伐。看来，我们有望在 1945 年夏季之前抵达中国海

岸—吕宋一带。从我们进入这一关键区域到在该领域夺取稳固的滩头阵地期间，我们有必要最大限度地召集空军力量来支援我们的作战计划。因此，我们必须竭尽全力扩充以中国为基地的空军实力。

我向来主张将中国发展成我们进军太平洋行动的根据地，当前战局发生巨大扭转，我军处于有利地位，我们迫切需要从中国获得应有的援助。

因此，我们有义务全力增加对中国的物资运输。为完成这个目标，我们唯有增加空运量或是开辟一条自缅甸通往中国的公路。

若占领密支那，我们便能建立一个空运中转站，同时还能加强对空中航线的保护，从而可以立即增加对中国的空运量。

史迪威将军信誓旦旦地表示，若是蒙巴顿海军上将的第四军能从英帕尔出发并占领瑞冒和望瀬地区，那么他领导的中美联军便能在今年旱季结束之前攻下密支那，而一旦占领该地，他便能守住阵地。我知道这是强人所难，但我认为在你的积极鼓励之下，蒙巴顿手下的司令官们定能克服重重困难。

日军不断加强其在缅甸的军力，我们必须在力所能及的情况下发动最猛烈的进攻，从而继续掌握战争的主动权，进而越过边界进入印度……因此，我迫切希望你能竭尽全力支援即将在缅甸打响的战斗。

1944 年 2 月 25 日

*   *   *

这场战役于 12 月拉开帷幕。当时，史迪威将军率领其亲自在印度组织并训练的两个中国师从利多出发，翻过该处的分水岭进入位于主要山脉之下的丛林地带。在这里，史迪威将军遭到了闻名遐迩的日军第十八师的反抗，但他依旧十分坚定，继续向前挺进，到了 1 月初，他已深入丛林四十英里，而筑路工人还在后方辛苦修路。在缅甸南部，英军第十五师于 1 月 19 日开始沿着阿拉干①海岸行进，该师由克里斯蒂森将军率领。与此同时，盟国空军加倍努力，加之新抵达的喷火式战斗机的帮助，使得我军占据了一定的空中优势，不久，我们便发现这种优势非常重要。

2 月 4 日，日军再生一计，我方进军时突遭拦截。自 11 月起，日军在缅甸的军力已由原来的五个师增加到八个师，而且他们计划入侵东印度并煽动当地的反英情绪。他们首先在阿拉干海岸发起反攻，计划夺取吉大港，进而将我们的注意力与后备军转移到那条战线上。他们在该海岸正面牵制着我军的第五师，其一师的主力已穿过丛林并包抄我军远在内陆的第七师。短短几天，敌军便围困我军第七师，并切断第五师沿海岸撤退的后路。日军自信满满地以为我军这两个师定会撤退，但却忽略了一个因素——空运供给。我方第五师将其军队部署成袋形结构，并坚守阵地、誓死抵抗。两周以来，食物、水和弹药就像甘露般从天而降。敌军却没有这样的福利，他们的物资只能够用 10 天，第七师的顽强抵抗也妨碍了他们进一步获得供应。由于无力压制我方的前进部队，在北部又受到来自我方后备军第二十六师的打压，敌军分散成小型部队作战，他们穿过丛林，且战且退，留下五千具尸体。

我方第十五军继续行进，终结了日军在丛林作战中不可战胜的神话，并对此引以为豪。

首相致蒙巴顿将军：

今日，我已就阿拉干战役致电于你并公开表示祝贺。你

---

①　阿拉干，位于缅甸西部，伊洛瓦底江以西。又称若开山脉。北起钦岭，南至伊洛瓦底江三角洲西侧的内格雷斯角。海拔大多在 2000 米以上，其中以维多利亚山最高，海拔 3053 米。——译者注

们此战大获成功，令我备感欣慰。这标志着你们的军队重振士气，我相信这将激励着战士们乘胜追击。根据我在这里看到的地图分析，我认为你必须沿着海岸线朝阿恰布港方向继续前进。

1944 年 3 月 1 日

*　　*　　*

2 月初，种种迹象已然表明，日军也正准备在中路战线进攻英帕尔高原，从而抢占先机，阻止我们向钦敦江挺进的行动。而当下著名的"钦迪特"① 作战是我们进攻计划的一部分。显然，日军定会先发制人，但我们还是决定让温盖特的旅队继续执行任务。这项任务的主要目的是切断敌军在英都附近的通信线路，从而扰乱他们的供给系统，特别是针对与史迪威短兵相接的日军第十八师。此外，敌军还将被迫调遣军队，以应对其在后方战场受到的威胁。早在 2 月 5 日，一个"钦迪特"旅，即英国第十六旅，就已从利多出发。该旅一路翻山越岭，向前推进了四百五十英里，其供给全靠空运。

3 月 5 日，凭借美国"空中突击队"的二百五十架飞机，我们开始空运由英国人和廓尔喀人组成的联合军第七十七旅和第一一一旅。这些部队集结完毕后便展开行动，并切断了英都北部的铁路线。

我已致电罗斯福总统详述一切情况。

我想，你听到两个温盖特远程突破部队顺利空降至战地定会兴致盎然。飞机着陆点是根据这两个旅能否向西行进而选择的，主要是为了切断日军的交通线，从而支援美中两国在更远的北方进行作战。这些飞机着陆点深入敌区一百英里，距离运输基地二百六十六英里。

---

① "钦迪特"是温盖特远程突击部队的通俗名称。

滑翔机先行着陆，以便准备跑道供运输机着陆。从 3 月 6 日至 11 日，共有七千五百人配备装备与骡子成功着陆。只不过损耗了大量滑行机，有些应该还能修好。这些突击旅现已开始前进，但留有一小型部队看守跑道，以便迎接一个"喷火"式战斗机和一个"旋风"式轰炸机中队，他们的职责是保护这个运输基地以及提供空中支援。

　　第一晚发生了一起特大事故。据悉，北区的一处跑道已被日军摧毁，剩余跑道的路面情况比我们的预期更为糟糕，飞机残骸阻塞跑道，使得飞机当晚无法着陆。少许滑翔机尚未抵达我军区域，于是不得不在空中折返。另一条跑道则被及时修复，为两天后的着陆行动做准备。日军此次轰炸行动，造成我军伤亡及失踪人数多达一百四十五人。

　　我军此次作战行动令日军措手不及。北区跑道并未遭到日军空袭，而其在 3 月 10 日对南区的一次轰炸也是在我军人员撤离后才进行。巧合的是，日军的原计划是集中轰炸曼德勒机场的飞机，结果反倒令我方为掩护着陆而集结的空军力量屡占上风，两天内便摧毁敌军六十一架飞机，而我军只损失三架。

　　温盖特这个大胆的计划旗开得胜，这令我们喜不自胜。此次空中行动的胜利也预示着前途一片光明。而你军在此次的空中运输中队和空中作战中功不可没。

1944 年 3 月 14 日

　　次日，罗斯福总统在回电中说道："获悉我军在温盖特的率领下喜获胜利，这让我激动不已。如果你要致电温盖特，切记向他传达我真诚的祝贺，愿他再接再厉。此次行动标志着空降部队里程碑式的成功，我们也切勿忘记那些骡子的功劳。"

　　不幸的是，温盖特未能分享胜利的喜悦，也未能收获胜利的果实。3 月 24 日，温盖特在一次飞行中壮烈牺牲，这让我悲痛万分。当天，

他坚持开展行动。事情真相我们无从得知。或许是飞行员在浓雾中迷失航向，飞机撞向山坡失事，事后很久才被发现。随着他的离去，一道明亮的曙光也消失殆尽。

＊　　　＊　　　＊

3月8日，日军三个师向我军中部战线发起进攻，这在我们的意料之中。斯库恩斯上将将其由三个师组成的第四军撤退至英帕尔高原，以向开阔地域集中作战。若是敌军切断通往迪马普尔的公路，那么在战争胜利之前，斯库恩斯上将只能依靠空中供给进行作战。日军重新启动了危险计划，他们此前曾在阿拉干战场实施过该计划，结果不尽如人意。这次，他们指望夺取我军在英帕尔高原的储备以供给自身军队。他们不仅企图切断通往迪马普尔的公路，甚至包括铁路，以此来断绝维系史迪威军队及美军对华空运的供应线。这样一来情况将会变得十分危急。

而成功的关键则取决于空运。尽管蒙巴顿方面掌握的资源数目可观，但仍相差甚远。蒙巴顿试图留下从"驼峰"航线上借来的二十架美军飞机，并要求再借七十架。要满足他的此项要求并非易事，蒙巴顿也难以启齿。在接下来的几周里，蒙巴顿忧心忡忡，我也给予他最有力的支援。我对他说："我和三军参谋长都全力支持你。我已致电罗斯福总统。我认为战事至上。你定能获得胜利。"最后，蒙巴顿从地中海战区暂借了七十九架飞机，他的需求大致得到满足。

3月底，日军切断了通往迪马普尔的公路，并从三面进行夹击，步步逼近英帕尔高原的边缘。该高原的另一面为山区，丛林密布。阿拉干此时战火方歇，印度第五师便被空运至英帕尔高原，印度第七师也被空运至迪马普尔。另一方面，在斯托普福德将军的率领下，第三十三军总部、英国第二师、印度独立旅以及温盖特的剩余旅队都已乘火车抵达。

科希马是位于山区公路附近的一个小村庄，日军向北区发起的进

攻便受制于此。我方驻扎在此的军队有皇家西肯特兵团①的一个营、一个尼泊尔营以及阿萨姆来福枪团的一个营，还包括刚出院甚至尚在恢复期的士兵，凡是能扛起武器的人都纷纷上阵。4月4日，日军第三十一师向该部队发起进攻，迫使其慢慢撤退并逐步缩小作战范围，最终退守至山坡。他们唯有依靠空中供给生存。尽管四面楚歌，在空中炸弹和炮火的掩护下，该部队仍然负隅顽抗，直至4月20日，印度第一六一旅和英国第二师从迪马普尔杀出重围，该局面才得以缓解。此次战役共歼敌四千人。骁勇善战的士兵们克服重重困难，在科希马战役中书写了华丽的篇章。

* * *

虽然我军现已掌握制空权，但仍需依赖足够数目的运输机。5月，我们遇到了最棘手的问题，六万名配有现代化装备的英印士兵受困于英帕尔包围圈。我认为此事至关重要，亟待解决。根据"战事至上"的原则，我行使了自己的权力。

首相致蒙巴顿海军上将（东南亚）：

　　为了赢得此次战役的胜利，你大可提出要求，我拒不接受任何一方否决你的提议。我决定全力支持你。

1944年5月4日

首相致伊斯梅将军，转参谋长委员会：

　　不管是延迟向地中海输送七十九架运输机，还是只留下二十架，再从"驼峰"航线上抽调五十九架，抑或是双管齐下，我们必须不惜一切代价来填补这一缺口。我们绝不放弃

---

① 皇家西肯特兵团（1881—1961），是一支英国战列步兵团，在一战、二战中都发挥了重要作用。——译者注

这次战斗。我愿致电罗斯福总统，向其说明若是放弃此次战争，将会给其支援中国的计划带来何种恶果。

1944 年 5 月 9 日

首相致伊斯梅将军及霍利斯将军，转参谋长委员会：

　　蒙巴顿海军上将无论如何都不会将这七十九架运输机调派至地中海，除非用相应的由美国或"驼峰"航线上调来的美式飞机置换。对于他的这一观点，我无力辩驳。

　　目前我还没有充分理由表明延缓这批战机抵达地中海将会阻碍亚历山大将军的作战。威尔逊将军早已在空防力量方面占据绝对优势，而且这些飞机在英帕尔战役中的重要性还不及在战争胜利后的两栖作战，但它们对进军缅甸却是至关重要的。

　　因此，霍利斯将军应上交一份简短的汇报，以便我于今晚与之讨论。同时，此次会议记录还应呈给参谋长委员会过目。我确信，一百五十架飞机往反方向飞行五千英里的这场闹剧，不会打乱蒙巴顿海军上将的作战计划，若是没有满足其要求，明天我将亲自恳请罗斯福总统。

1944 年 5 月 14 日

＊　　　＊　　　＊

　　在此期间，身处北部前线的史迪威正在向孟拱—密支那一线强势推进，以应对日军第十八师的顽强抵抗。他担心中国边界沿线的日军第五十六师可能会调转方向，攻击其部队的东翼。所以罗斯福总统劝南京国民政府另派一个中国师增援史迪威将军，但这位大元帅直至 4 月 21 日才命令其驻扎在云南的军队进军缅甸。5 月 10 日，四个中国师从昆弄飞渡萨尔温江，此举使得日军侧翼部队人心惶惶。

　　在敌方交通线上开展活动的"钦迪特"部队在 4 月初得到两个旅

的增援，这样一来，便有五个旅活动于此。他们一边沿着铁路线北上，一边阻击敌军的增援部队并摧毁其临时仓库。虽然日军付出惨重代价，但他们只从与史迪威将军交战的部队中撤回一个营，而英帕尔战场却未有任何变动。他们还从暹罗调来第五十三师企图摆脱困境，虽损兵五千四百余名却无济于事。

5月17日，梅里尔将军及其美国旅迅速赶来支援，史迪威将军在其帮助下占领了密支那飞机场，令敌我双方都大为震惊。空运而来的增援部队随后便加入战斗，但日军拼死抵抗，一直坚持至8月初。5月底，史迪威的另一主要目标——孟拱，也被"钦迪特"的精锐部队第七十七师重重包围，并于6月26日被这支部队收入囊中。所取得的这些胜利主要归功于史迪威将军出色的领导力、魄力以及毅力，但其部队却因长期艰苦作战而筋疲力尽，需大批撤回。

*　　*　　*

英帕尔地区的情形仍然十分严峻。虽然我军空军在作战中主导战局，但空中供给却受季风影响，而这又是我们制胜的法宝。我军的四个师正渐渐突破包围圈。科希马公路沿线的救援部队和被困部队也正奋力会师。这场战役在与时间赛跑。它们的一举一动都让我们屏息以待。

首相致蒙巴顿海军上将（东南亚）：

三军参谋长对英帕尔地区的局势忧心不已，特别担心补给与弹药的储备问题。为维持当前局势，你有绝对的权力请求征用所有飞机，无论是从"驼峰"航线还是其他地方调遣均可。"驼峰"航线的飞机是机动后备军，必要时可予以征用。由于美军取得的辉煌成就，我军已抵达密支那，但如果不能从"驼峰"航线上征用飞机的话，密支那和英帕尔都难以据守。如果你没有在恰当时机提出要求或是必要时没有向

我求救，等战败后再抱怨也无济于事了。该任务事关重大，请你务必全力以赴。希望一切进展顺利。

1944 年 6 月 22 日

这封电报尚未送达，便有捷报传来。我在此引述了蒙巴顿海军上将的报告：

6 月的第三个星期，该地区局势便处于千钧一发之际，经过长达两个月的艰苦奋战，第四军有可能在 7 月初面临弹尽粮绝的困境。然而，在 6 月 22 日，战时储备还能用一个半星期，此时我军第二师和印度第五师在距英帕尔北部二十九英里处会师，通往英帕尔高原的道路也就此打开。护卫队也于当天挺进高原地区。

蒙巴顿海军上将还恰当地补充道："日军对印度的觊觎之心已被彻底粉碎，这也为英国今后在缅甸作战取得首次大捷带来了希望的曙光。"

第六章

SIX

抗 日 战 略

我军面临的抉择——我的会议记录——蒙巴顿海军上将派出的代表团抵英——新计划——美国的异议——一支强大的日本舰队进犯新加坡——两栖作战行动受阻——我军失去当地的海军优势——致电罗斯福总统——总统的复电——"中间战略"

在上一章中，我们提到缅甸和太平洋地区的陆空作战日趋激烈且意义重大，而英美两国人民也正就今后的抗日战略展开激烈讨论。其间，我提到了联合参谋长委员会在开罗会议上所做的报告，其内容涉及盟军在太平洋地区的长期战略以及英国应承担的任务，该报告虽经总统与我签署，但因政务繁忙，我们二人并未对此进行研讨，也未与各自的顾问商量。在马拉喀什时，我接到一项要求，要我将相关事宜向各自治领致电，直到这时，我才知道英国参谋长委员会的想法已与此前大不相同。我随即便意识到我与他们的观点相悖，而我和战时内阁与我们信赖有加的军事同僚之间，也首次产生了重大分歧。

简而言之，我们面临着以下抉择：我们是否应以澳大利亚为基地，派遣海军或可调用的其他陆军、空军，同美军在西南太平洋上的左翼部队并肩作战？参谋长们都对此持肯定态度，而且他们早在开罗便不费吹灰之力地与其美国盟友达成一致。另一方面，我与我的同僚则认为我们应以印度为基地，向东进军马来半岛和荷属东印度群岛。对此，参谋长们则认为，在战胜德军的六个月之内，蒙巴顿难以进行大规模的两栖作战，因此，太平洋增援计划应尽快得到落实，而且他们认为该计划应由我们来执行。

回国后，我便立即召开了国防委员会会议。会议上，我们首次就所有问题展开讨论并提出有效的解决方案。

几天之后，我写下备忘录，内容如下：

首相致伊斯梅将军，转参谋长委员会：

1. 在策划人员对这些方案加以解释之后，于 19 日出席该会议的军事同僚们都向我表达了反对之意。我本人对此也难以苟同，该议题应在两国政府之间展开讨论。值得注意的是，该计划与此前麦克阿瑟将军的参谋长向我们阐释的计划大相径庭，显然，美国人自己也因此产生很大分歧。

2. 按照提议，英国将派遣少量舰艇同美国军舰一道参与他们计划于 6 月份展开的行动，对此，大家并无异议。当然，我们要时刻准备在太平洋上打造一支舰队。但若是在战胜希特勒之前，即 1944 年至 1945 年间，太平洋战场的计划对我国驻守在印度及盂加拉湾的大批陆空两军毫无用处，那么这些计划便不可取。

3. 对这些军队而言，苏门答腊（"长炮"作战计划）是唯一见效的行动。我一直坚信该计划最为切实可行，因为它能转移大批日本空军的注意力，甚至还有可能诱导日本陆军。此外，还有助于我们收复重要领土及保卫基地，从这些基地出发，我们便能在新加坡、曼谷、马六甲海峡以及日缅交通线上给日军以沉重打击。我的同僚们与我想法一致，都认为基于这一原因，我们应该集中力量，并明确地告诉美国人，若是我们在太平洋上提供了帮助（我们的确会这样做），那我们也期望届时他们能适当地供应我们一批登陆艇，协助我们在 10 月、11 月或是 12 月进攻苏门答腊。美国已建成大批坦克登陆艇，而且年内将继续建造，因此，他们完全可以满足我们的上述要求……

4. 我们必须等蒙巴顿海军上将派遣的官员抵达后，再同他们一道全面研究该计划，在大家尚未下定论之前，绝不给

各自治领致电。

1944 年 1 月 24 日

　　1944 年 2 月中旬，蒙巴顿的得力干将及其副参谋长魏德迈率领代表团抵达英国。美军计划在印度北阿萨姆和中国之间修建一条直达的双行道公路，并于 1946 年 6 月完工，但蒙巴顿对此不予置信。因此，他建议搁浅该计划，转而加强现有的航空路线。这样一来，他便无须夺取偌大的缅甸北部，继而腾出兵力，有望突破敌军在马来亚和荷属东印度群岛的包围圈，并沿着海岸迅速往东北方向挺进。这将进一步打开通往中国的海上交通，并有力促进美军从中太平洋和新几内亚向日军发起进攻。要完成该计划，必须先行收复苏门答腊。蒙巴顿海军上将提议，一旦欧洲西北部腾出两栖部队，便立即展开行动。"长炮"计划也因此重新提上日程。

　　可是，这一战略与联合参谋部在开罗达成的协议截然相反。这也使得我们在长期战略上的分歧显露无遗。我向来都抱有夺取苏门答腊的雄心，因此，我对蒙巴顿的新计划赞赏有加。但我仍然认为计划用于夺取苏门答腊的兵力过多，而按照蒙巴顿的提议，缅甸陆地战场也兵力过剩。我反对将这些多余的兵力派至麦克阿瑟的战役中去执行次要任务。在这一点上，我获得外交部的全力支持，他们认为英国在远东的作用绝非只是为美国贡献微薄之力，英国民众对此也难以苟同。此外，与那些意义非凡的广阔领域相比，亚洲各民族对太平洋上的岛屿意兴阑珊。而东南亚司令部所提倡的策略，将直接带来心理方面及政治方面的影响，将加速日军的溃败。

　　我断定美国人的想法将会与我们大相径庭。因此，当我看到罗斯福总统于 1944 年 2 月 25 日发来的电报中的这段话时，并不感到意外：

　　　　我对该战略近期的走向感到忧虑不已，因为它针对的是今后在苏门答腊和马来亚所采取的作战行动，而非直面我们当前在缅甸所遭遇的挫折。夺取苏门答腊和马来亚的行动需

耗费大量人力物力，这岂能在欧洲的战争结束之前展开？我对此百思不得其解。或许"长炮"计划的成功会给我们带来不少好处，但我们应将现有物资悉数投入缅甸战场，以获取更大的胜利。这样一来，我们便能巩固中国战区的防空力量，以确保我们西行进军中国海岸—吕宋地区时获得必要的保障。

对魏德迈的代表团而言，这并不是一个好兆头。他们于 3 月在华盛顿会见了美国各参谋长。而且他们并不是第一批来华盛顿的代表团。蒙巴顿海军上将的总司令全力支持他的计划，但作为副司令的美国史迪威将军却并非如此。而这也情有可原，因为除副司令外，史迪威还身兼数职，特别是他还担任蒋介石的参谋长。美国方面的这一安排颇为欠妥，但我们除了同意别无他选。史迪威赞成一切有助于支援中国的措施，而且他认为经由公路向中国运输供应物资的时间会早于东南亚司令部预计的时间。史迪威有权要求蒙巴顿海军上将接受他的观点，若这些观点不被采纳，那他有权在征得蒙巴顿的同意后将其上呈至华盛顿的高层。但史迪威在未征得蒙巴顿许可的情况下，便已擅自派代表团前往华盛顿说明情况。

近日，美国参谋长已决定命令麦克阿瑟进军继续挺进菲律宾，而尼米兹海军上将则应从中太平洋向台湾发起主攻。因此，他们认为解放马来亚和荷属东印度群岛的战略意义不大且耗时费力，同时也没有必要进攻苏门答腊。他们一门心思想通过"驼峰"航线向中国空运更多供给，并修建滇缅公路。他们还酝酿了一个新计划，即在中国建立远程轰炸机基地以攻击日本，那将远远超过目前所需的供给。魏德迈巧妙地为蒙巴顿的提议作出辩解，但未能说服审核人与上级。

* * *

然而，就在这个时候，发生了一起特大事件，这出乎众人的意料。一支强大的日军舰队从中太平洋驶向新加坡，该舰队拥有七艘战舰。

我们尚未明确其目的何在。据我们目前所知，他们一方面是为躲避美国的空袭，另一方面则是为了接近荷属东印度群岛的供油站。但也有可能是为了闯入孟加拉湾。这一可能性中止了"长炮"计划和印度水域的其他两栖作战行动。我们甚至丧失了在该地的海上优势。我随即便察觉到了这一令人不快的事实。

　　首相致伊斯梅将军，转参谋长委员会：

　　1. 拟订苏门答腊计划的前提是，日军主力舰队不会派出大量的分舰队应战。当然，这种假设纯粹是基于敌军的常规作战，但这并不能保证敌军不会打破常规。当时我们认为日军的当务之急是保卫特鲁克、拉包尔以及其他前哨站不受美国的攻击，并时刻准备进行军舰作战。如果这是他们的原计划，那他们现在已经摒弃了这一计划并从前哨撤回，转而对他们的舰队进行防卫性部署，包括在新加坡部署大规模兵力。只要日军的军舰停留在新加坡，我们显然便对苏门答腊无计可施，除非我们的海军力量强大到足以应对军舰作战。而将日军牵制在新加坡则对美国大有裨益。因为日军受制于此，尼米兹海军上将就有越多的机会自由行动，进而迅速向前推进。日军在新加坡的滞留时间取决于美国进军的速度。看来，日军定会重组舰队，他们将会为夺取菲律宾或保护更靠近本土的地点而背水一战。万一日军撤离新加坡，那我们便要审时度势，评估其卷土重来的可能性。我们将日军围困于新加坡的时间越长，对美国的帮助就越大。当日军因美军主力进攻而被迫重组舰队并撤回太平洋时，我们便能继续准备大规模两栖作战，支援美军。

　　2. 确保将这份会议记录送往联合计划部。

1944 年 3 月 7 日

＊　　＊　　＊

在此期间，我也同参谋长们花费大量时间进行商谈，气氛偶有紧张。支援麦克阿瑟将军或尼米兹海军上将的计划，取决于我们在澳大利亚基地的兵力，以及他们是驻扎在东海岸、北海岸还是西海岸。我们当下信息不全，还需进一步调查。这一援助计划明显给我方舰只施以重压。3月，我方内部似乎陷入僵局。三军参谋长认为，美国希望我们派遣一支舰队前往太平洋，参与可能于6月进行的作战行动。因此，我认为有必要向罗斯福总统说明这一情况，并让他熟悉整体战况。

首相致罗斯福总统：

1. 联合参谋长委员会在开罗会议的最终报告中指出，他们已在"原则上通过"全面抗日计划，并以此为基础，"作进一步研究与准备"。该计划拟派一批英舰前往太平洋战场，并按规定参与1944年6月的作战行动。尽管这份报告由你我二人共同发起，但由于事态紧急，我们彼此并未仔细思量。自那以后，战时内阁与参谋长都忙于"调查"，你我二人也未能达成一致。此间，日军军舰已抵达新加坡，这是我心中牵挂的另一件大事。

2. 1943年9月，意大利舰队投降。之后，我迫切希望尽快派遣舰队前往太平洋，但当我向金海军上将透露这一想法时，他向我说明，与日军相比，美国在太平洋水域的海军实力是多么的强大。他的这番话让我觉得他不太需要我们。我也收到了几封驻华盛顿海军代表的电报，其内容也证实了我的这一想法。而另一方面，我又得知金海军上将已通知第一海务大臣，他表示需要我们派遣分舰队，而且最好能在8、9月份抵达，因为那时的后勤需求更容易满足。因而，英军今年到底是否需要参战让我困惑不已。

3. 若你能告知我美军于 1944 年底前或 1945 年入夏前在太平洋地区是否有具体的作战计划，我将不胜感激，因为如果英国分舰队不参战的话，此次作战行动将会受到阻碍或被迫终止。

4. 另一方面，我军战舰中队已开进印度洋，获悉这个情报的日军随后转战新加坡。此举表明，敌军对安达曼群岛、尼科巴群岛和苏门答腊岛已有所警惕。若我军能继续在孟加拉湾对日军造成威胁，那么我们会将日本全部或大部分军舰牵制于新加坡，以确保你军在太平洋水域迂回前进或全速挺进，而这将对你方大有裨益。

5. 魏德迈将军能够在印度战场和孟加拉湾实施蒙巴顿的所有计划。看来，这些计划恰好能满足蒋介石所提出的要求，你方也同意了这些要求，而我方因受地中海影响以及正在备战"霸王"行动而无法在雨季来临之前满足蒋介石的要求。我坚持认为，孟加拉湾的两栖作战将令我军在印度的兵力和设备在未来十八个月里的抗日战争中发挥最大作用。眼下，我们正在检查后勤的细节问题，初步估计，如果我们先攻打孟加拉湾对面的岛屿，再逼近马来亚半岛，而不是将运输线延长九千海里，绕过澳大利亚南部而从太平洋出发进入你方南翼作战，那我们的兵力便能增加两到三倍。另外，我们反对将舰队和兵力分散至太平洋和印度洋，也反对断开与从加尔各答至锡兰，以及远至苏伊士运河区的各现有据点的联系。

然而，在我尚未就此事做出最终决策之前，我想知道你对我在第三段提出的问题作何解答，即就目前而言，如果日军军舰滞留于新加坡，而我方将重心放在印度洋和孟加拉湾，并计划一旦资源就位便立即展开两栖行动，你方在太平洋的作战是否会因此受阻？

1944 年 3 月 10 日

罗斯福总统对此做出了明确的答复。

罗斯福总统致首相：

　　1. 1944 年间在太平洋上开展的任何具体行动，都不会因英国分舰队的缺战而受影响。

　　2. 目前，我们还无法预测太平洋战事的未来发展，因此，我们也无法确定 1945 年是否需要英国分舰队的支援，但就目前形势而言，1945 年夏季之前，还不需要英国分舰队的支援。

　　鉴于目前敌军的部署情况，我个人认为，除非我们在太平洋上屡屡受挫，否则你方坚守印度洋对我们的共同作战会更具意义。

　　当然，以上预测都是基于当前局势，一旦情况有变，我们会适时做出调整。

1944 年 3 月 13 日

*　　*　　*

我和内阁同僚们与三军参谋长产生了分歧，这让我沮丧不已，但却更加坚定了我的看法，我认为我有义务做出裁决。在这种情况下，我以个人名义逐一向各参谋长委员会成员致信，而不是将他们当作委员会进行集体通知。

首相致第一海务大臣、帝国总参谋长和空军参谋长：

　　我已向每一位参谋长寄送了会议记录。

　　1. 无论是我的问题还是总统的答复都只针对一点……我们是否有义务在 1945 年夏之前派遣分舰队前往太平洋支援美军，以及他们的作战行动是否会因我方缺战而受阻。现在，我们得知我们没有该义务，美军的作战也不会因此受阻。同时，他们在 1945 年夏季之前不会向我方寻求任何支援（除非面临重大困难）。因此，我们可以只考虑自己和英国的利益，自行商定解决这一问题。

......

3. 三军参谋长因担心美方知道我们双方各持己见，不愿同美国参谋长会谈，这让我意识到了当前事态的严重性。我和国防委员会各大臣都坚信，如果将该问题交由战时内阁解决，那么他们会强调一点，即将于下一年实施的所谓的"孟加拉湾战略"无论如何都得符合英国利益。因此，我身为首相和国防大臣，有义务作出如下决策：

（1）除非发生意外，否则从现在起到 1945 年夏季这一期间，印度战场及孟加拉湾将成为英国对日作战的重心。

（2）为横渡孟加拉湾以展开对马来半岛及其前哨各岛屿的两栖作战做好一切准备，终极目标是收复新加坡。

（3）我们将建立一支强大的英国舰队，分别驻守于锡兰、阿杜岛和东印度群岛的港口，并由以海岸为基地的空军进行强力掩护。同时，我们应加紧组建东方舰队的辅助船队，优先满足"霸王"计划和地中海地区的需求，并按照当前配给量为本国提供基本供给。

（4）对东南亚司令部提出的横跨孟加拉湾的两栖作战计划进行检验、修正和改进，以尽快与敌军近距离交锋。

（5）在我核准赴澳大利亚人员的名单后，调查团应立刻动身。他们应及时上报澳大利亚的现存设备及其北部已收复的岛屿情况，并提出相关措施将东方舰队及其辅助船队开进西南太平洋，并驻泊在澳大利亚各港口，以便我们能按要求随时调整策略。

4. 我十分乐意就上述决策与三军参谋长们展开讨论，这样的话，我们便能在与美国盟友商讨时做到胸有成竹。同时，我们在排除了对长期政策的异议后，将致力于完成那些紧要

任务，这就要求我们齐心协力，彼此相互信任。

1944 年 3 月 20 日

然而，当前形势变幻莫测，因此，我青睐于保持决策的灵活性，同时另寻他法。由于日本舰队可能会对我军进攻孟加拉湾横加干扰，而在战胜德军后的六个月内，我军又无法在东方进行任何大规模的两栖作战，一个中间方案便应运而生。我军内部将该方案称为"中间战略"。该策略计划从澳大利亚向北推进，先帮助麦克阿瑟将军解放婆罗洲，再一举进攻新加坡和马来亚，或是香港和中国沿海一带。而若要实施中间战略，我们就需组织一支英澳联军，并交由麦克阿瑟手下的一位澳大利亚指挥官统领。

该战略的缺点显而易见。其对美军在太平洋中部战场上所起的作用也微乎其微。若是美军进展顺利，我们便无法及时抵达婆罗洲，甚至无法参与袭击香港的作战行动，这样的话，我们便有可能无缘太平洋战场的主力战，可我们曾立志参与战斗。组建帝国司令部的想法在澳大利亚人当中大受欢迎，因为这能减小美国在整个区域的绝对优势，但澳大利亚东海岸的基地早已悉数被占。若是为了满足英国的需要而建立一个新机构，则可能会导致一片混乱。此外，我们到澳大利亚的航线比到印度的航线要长得多，因此，这将给我们的航运带来重重压力。

尽管当时诸多难题并未得到解决，但在 5 月 1 日于伦敦召开的自治领总理会议上，我们曾就一些主要问题展开了讨论。澳大利亚和新西兰的总理深信我们不会要求他们两国加大对战争的贡献，并对"中间战略"表示赞同。他们还表示愿意提供军队和大批飞机。这一提议也令自治领派上了用场。然而，这些计划最终并未成形。不久之后，事情的发展便从根本上改变了开罗会议期间及其之后所预示的情形；而谈及抗日战争结束的方式与时间时，人们总觉得出人意料。

第七章

SEVEN

备战"霸王"行动

艰难的过去——横渡英吉利海峡的作战计划——领导班子——攻势加强——"桑葚"人工港——空降部队的进攻计划——车辆的"防水设备"——海军的火力轰炸计划——两栖作战部队的集训——进攻日与突击时刻——最终部署与首攻目标——海军的任务——空中反攻——诱敌手段——德军上钩——英国南部军队集结为大本营

　　从实践中总结出的经验或是一种桎梏，又或是一份灵感。读者们阅读完这些篇章会发现，尽管一直以来，我都赞成与美国一道横渡英吉利海峡，同驻扎在法国海岸线的德军展开正面交锋，但我从不认为这是取胜的唯一途径，我也明白我们将踏上一段困难重重、充满艰难险阻的征途。一战期间，我们曾为那一次次的猛攻抛头颅、洒热血，付出的惨痛代价成为我心头难以磨灭的伤痛。索姆河战役、帕尚达勒战役以及与德军那数不清的小规模正面交锋的场景历历在目，这些都无法随时间或记忆的消逝而泯灭。二十五年过去了，我依旧认为，要攻克那些武器先进且坚不可摧的防御工事，与那些训练有素、誓死抗争的据守人员决一高下，我们唯有占据时势与地势，从其侧翼进行突击，或借助坦克之类的新式机械化武器，方能取胜。轰炸优势固然能使敌军心生畏惧，但结果尚无定论。对敌军而言，在前线后方再部署几道防线轻而易举，而大炮轰炸出来的弹坑也成为我军难以跨越的鸿沟。英法两国在 1915 年至 1917 年里付出了巨大的代价，从而得到了这些宝贵经验。

　　自那以后，又出现了一些新因素，有好的，也有不好的。一方面，敌方守军火力大增，海陆雷区也大面积扩张。另一方面，我方作为进

攻方拥有制空权，可在敌军战线后方空降大批伞兵，先行封锁交通线或使之瘫痪，防止敌军调动援兵，发动反攻。

1943 年夏季，摩根将军及其盟军联络参谋部为该计划煞费苦心。在前面的章节中，我已谈到这一计划的相关情况，那时我正前往魁北克参加"四分仪"会议①。目前，该计划已大致得到批准，但有一点需作说明。在诺曼底海滨进行的首攻，其规模和范围须以登陆艇的数目而定。摩根将军的指示是：先派三个师发起首攻，再派两个师趁势跟进。因此，他提议让三个师在卡昂和卡朗坦之间的海岸登陆。他原计划让部分兵力在卡朗坦北部，即靠近瑟堡的地方登陆，但又考虑到如此分散兵力并非明智之举。维尔河河口位于卡朗坦附近，该处沼泽遍布，使得突袭队的两翼难以保持联络。摩根将军的见解确实合理。当然，我原本倾向于在更为广阔的前线区域进行猛攻，但在距离行动仅剩十个月之际，登陆艇的数目是否足够还是个未知数。

正是由于海岸沿线无一重要港口，蒙巴顿海军上将的参谋长委员会才提议建造人工港。魁北克会上的决议也肯定了这一需求并安排了相关事宜。我密切关注此项工程的进展，该工程是由各专家和三军代表组成的委员会共同施工，由英国陆军部布鲁斯·怀特任组织者，他本人是一位出色的土木工程师。人工港的修建工程浩大，其顺利竣工归功于众人的齐心协力，其中尤其要感谢少将哈罗德·沃纳爵士，期间由他协调处理多方事宜。

值得一提的是，"冥王"号潜水艇输油管将石油从怀特岛（英）运至诺曼底，其后又从邓杰内斯运至加来（法）。这一系列想法都出自蒙巴顿海军上将的参谋长委员会。同时，为了攻克防卫森严、雷区遍布的海滩，我们还发明了众多战略装置，由于篇幅有限，我便不在此一一赘述。其中有些装置能配备坦克，以保护驾驶员；剩下的则为登陆艇效劳。上述相关事宜都令我兴致盎然，必要时我会加以了解。

---

① "四分仪"会议，于 1943 年 8 月 14 日至 24 日在魁北克召开，参加人员有美国总统罗斯福、英国首相丘吉尔、加拿大总理麦肯齐·金及中国外交部部长宋子文。——译者注

＊　　＊　　＊

　　魁北克会议通过了摩根将军及其参谋委员会的提议，这让他们大为满意。军队立即开展训练，并配置了专门的设备。至此，摩根将军便能行使更大的权力，这远远超过了一个普通参谋长所能行使的权力。

　　关于任命艾森豪威尔将军为最高统帅、蒙哥马利将军为远征军指挥官的提议我已在前文中提到。而艾森豪威尔将军的副将则由特德空军上尉担任。利·马洛里空军中将受命指挥空军，拉姆齐海军上将则指挥海军。艾森豪威尔将军还将比德尔·史密斯将军带上，并任命他为参谋长，摩根将军任副参谋长。

　　艾森豪威尔将军和蒙哥马利就摩根将军提议中的一点提出异议。他们打算加大火力，在更为广阔的前线区域展开进攻。如此一来，便能快速抢占规模较大的滩头阵地，并在此组建兵力进行突围。而早于计划时间占领瑟堡也颇为重要，他们计划派遣五个师进行首攻，而非三个师。当然，此举完全正确。摩根将军自己也主张扩大首次登陆的规模，可他拥有的资源有限。但额外的登陆艇又从何而来？东南亚的登陆艇早已被征调一空。用地中海的登陆艇输送两个师的兵力绰绰有余，但这些需用于"铁砧"计划，即对法国南部的德军进行海上攻击，同时开展"霸王"计划将德军从法国北部吸引过来。若是削减"铁砧"计划的登陆艇的数目，那将无益于该计划的实施。3月份，艾森豪威尔将军与英国各参谋长召开会议，直至此时，他才做出最终抉择。美国各参谋长一致认为，应该让艾森豪威尔将军为他们发表意见。因为他刚从地中海回来，对"铁砧"计划了如指掌，如今他又担任"霸王"计划的总指挥，因此他便能权衡二者的利弊。最后，大家一致同意从"铁砧"计划中征调一个师的船队参与"霸王"计划。若是还需另调一师，则要将"霸王"计划延期至6月月圆之时。到时候，新造的登陆艇便能填补这一空缺。至于额外所需的两个师的兵力与战舰，则由英美双方各派出一个师以确保进攻总兵力达到五个师。同时，

美方还同意为该师提供海上支援。到目前为止，下拨至此次战役的海军兵力，大体上是英军占百分之八十，美军占百分之二十。经过反复修正与完善，该计划如期进行。

* * *

刚从马拉喀什回国，我便着手处理"霸王"计划的大量技术性问题。敌军在英吉利海峡对岸的整条前线设置了多重障碍，其防御工事也派重兵严加把守。他们满心期待我们的进攻，但他们是否清楚我们于何时、何地及如何发动进攻？在我方战斗机的掩护范围内，我们无法对敌军侧翼展开任何迂回包抄。眼下，海岸炮台可通过雷达进行定位，这使得我军舰艇的威力大为削弱。即使我军部队成功登陆，也仍需为他们提供补给，以击垮敌人空军和坦克的反击。为解决眼前的困难，我绞尽脑汁。

首相致伊斯梅将军及爱德华·布里奇斯爵士：
鉴于"霸王"计划的准备工作将给我们的生活带来种种影响，为了持续调查所有事务的进展情况，我提议成立每周一次的委员会，会议由我主持。该委员会将取代反德潜艇战争委员会，后者可改为每两月一次例会。
也请你们为新委员会的人事安排发表意见。
1944 年 1 月 23 日

* * *

获悉"桑葚"人工港面临诸多困难，1 月 24 日，我召开了一次会议。此次会议计划在每个师的进攻区域设一道防波堤（"醋栗"计划）。这意味着一共要建五道防波堤，其中两道将适时并入"桑葚"计划。坦南特海军上将负责"桑葚"计划的实施工作，按照他的提

议，所有防波堤一律由沉船组成，尽管这意味着要使用更多的船只。所有沉船将靠自身动力驱使，快速抵达目的地后在准确位置沉没，几乎是在同一时间，我们就要提供一定数量的掩护体。这些工作可以在四至五天内完成。"桑葚"计划中"不死鸟"混凝土沉箱将被分批托运过海峡，这将至少耗时十四天。由于拖船数目不足，因此，我下令调查船只的情况。海军上将需要八千码长的沉船。几乎所有沉船都来自于那七十艘旧商舰以及四艘废弃的战舰。由于英军是修建"桑葚"人工港的主力军，我认为寻求美国支援沉船也合情合理。美方答应了我的请求，提供了近半数的沉船。而余下的二十三个"鲸鱼"浮动码头的修建工作也都进展顺利。外防波堤"喇叭"由钢铁制成，但在修建上遇到了技术性难题，海军部必须将其攻克。

*　　*　　*

我认为我们应对空中进攻计划给予特别关注与大力支持。

首相致伊斯梅将军，转参谋长委员会：

1. 基于现有方案为"霸王"行动输送空降部队所做的规定，我甚为不满。我们目前有四个可支配的伞兵师，但我得知我们已有的飞机只能运输一个师。这不是物资短缺的原因，而是因为一切准备工作都应在 3 月 15 日就绪。从 3 月 15 日至 5 月 15 日这一时期内，我们将生产一百一十架飞机，其中包括七十架"斯特林"式飞机和四十架"阿尔比马尔"式飞机。这些飞机都将投入作战。另外，我已请你调查海防总队可用飞机的数目。我坚信，只要我们艰苦努力，就定能为艾森豪威尔将军提供更为充足的物资。

2. 在启动"霸王"行动的同时，艾森豪威尔将军应该就其所需飞机的最大限额作出说明。同时，我也希望得知，按照目前的计划我们需要为他提供的物资明细。此外，我将主

持召开下周会议，重新研究当前形势并讨论如何满足艾森豪威尔将军的要求。

＊　　　＊　　　＊

新上任的指挥机关为作战注入了新鲜的血液。双层甲板坦克曾在地中海成功浮水登陆，此次也需投入作战。普通运输车辆则需配有"防水"履带和车轮，使其能靠自身驱动力在水深仅有几英尺的近海处靠岸。但从正常情况看，陆军似乎过分夸大了所需的坦克数量。

首相致生产大臣及军需大臣：

　　1. 请就能否于4月底生产三百辆双层甲板坦克向我递交一份报告。

　　2. 防水材料的生产情况如何？

　　3. 据我所知，蒙哥马利将军已向军需部提交了一份清单，上面列出了他希望优先获得供应的物资。请将这份清单交与我过目，并注明是否能满足他的需求。

1944年1月25日

首相致蒙哥马利将军：

　　你所谈及的防水材料的相关问题，正竭力生产所需部件。但准确来说，并不是所有车辆都需要用到防水材料，因为我们总共拥有二十万辆车，其中囊括了一百种类别且每一品种又是单独项目。而且，大部分车辆要在登陆后三四个月才会派上战场，我们认为到时候军队已无须涉水上岸。在战争时期，我们难免会有顾此失彼之时，因此，我们在为"霸王"计划做准备的过程中务必要善于选择。我相信你定能将此铭记于心。

　　若是有可能的话，我迫切希望你军能有足以运送两个空

军师的飞机。确定竣工日期对上述目标的实现会有所帮助，因此，我们有必要向空军部和飞机生产部确定日期，例如：3月15日之前需完成生产一百八十架某型号飞机（如"阿尔比马尔"式飞机）。如果上述任务进展顺利，将生产期限再延长两个月，即截止到5月15日，这批飞机的生产量将达到二百七十架，而不只是一百八十架。其他必需品的生产无疑也能仿效该方式。我非常理解大家对训练的种种看法，但需要训练的是飞行员，而不是飞机。如果我们拥有技术精湛的飞行员（例如从飞行部队海军航空兵部门征调而来），那他们便能利用现有的库存飞机练习，而其他人员在进攻前便可使用新生产的飞机进行训练。请在会晤时与我商讨此事。

1944年1月31日

我最为关心的是发动的火力轰炸计划，尤其是其在海军方面的计划。

首相致第一海务大臣：

想必你还记得，我在致参谋长的备忘录中，曾多次强调"霸王"计划中成立轰炸小分队或舰队的重要性。一旦作好空中掩护，我方军舰的战斗力便可自由发挥。而高速炮则特别适合用来轰炸混凝土碉堡。你已将作战部署告知于我，我希望能将它们发挥到极致。

昨日，我同（美方）海军上将库克会谈，他向我展示了攻克马绍尔群岛中的夸贾林岛的照片，并强调短距离轰炸（如两千码）的重要性。我估计，我方阵地的海滩不便于使用这类轰炸。不过，轰炸威力当然是越大越好。如我所言，此时正是"拉米尔斯"级巡洋舰上场之际，我们可以从其他舰队调遣士兵协助轰炸，他们完成登陆任务后再返回各自的岗位。

我提议于 2 月 28 日即下周一召开国防委员会会议，商讨"霸王"计划的相关事宜。同时，我期望你能上交一份报告。

1944 年 2 月 20 日

　　此次海军轰炸部队共包括六艘战列舰、两艘铁甲舰、二十二艘巡洋舰，外加数艘驱逐舰和小型舰艇。其中三分之二为英国兵力。

＊　　＊　　＊

　　我迫切希望马歇尔将军能意识到，我正在竭力保留他期盼已久的计划。于是我给他发了如下电报：

　　首相致马歇尔将军（华盛顿）：

　　从马拉喀什回国之后，我便仔细审查了"霸王"计划的以下方面：

　　1. "桑葚"人工港及其相关事宜。
　　2. 空降突击部队的运输问题，包括滑翔机的袭击策略。
　　3. 内海滨轰炸小舰队的情况。
　　4. 空军指挥部的各项部署。

　　我已主持召开一系列会议，艾克和比德尔也都分别出席，万事进展顺利，这让我喜不自禁。也许他们二人也已向你表明了满意的态度。随着时间的逼近，我越发坚定地支持"霸王"计划。尽管我们在莫斯科设下的限制性条件并未彻底完成，我还是希望力尽所能地展开此次进攻。希望不久后我们便有机会商谈。祝一切顺利。

1944 年 3 月 11 日

＊　　＊　　＊

　　一旦确立了远征规模，我们便可立刻展开紧急训练。而寻找足够

的训练场地是我们目前遇到的一大难题。英美两军相距甚远，两军分别据守于英格兰的东南部与西南部。对于训练带来的种种不便，沿海地带的居民们都毫无怨言。英军的一个师及其海军部队已在苏格兰的莫里湾接受早期训练。他们经历了冬季风暴的考验，并为进攻日那天的恶战做足准备。

联合作战参谋部早已制定了两栖作战的理论，莱科克将军继任蒙巴顿海军上将的职位，负责参谋部的工作。除了接受使用现代化武器所需的常规训练外，所有人员还需掌握这些理论与实践。英美两军早已在大大小小的实弹演习中运用过这些内容。因此，很多军官和士兵虽是首次作战，其战场表现却如同久经沙场的部队。

我们总结了各种大规模演习的经验，并吸取了迪厄普战役的惨痛教训，从而将它们通通运用于三军总演习之中，此次演习于 5 月上旬结束。虽然我方动静皆未躲过敌军耳目，但我们并没有反对他们的监视，反而故意设法引起多佛尔海峡哨兵的注意，从而让德军误以为那正是我们的进军方向。

随着我们不断掌握新敌情，我们的战略也作了相应的调整。我们对隆美尔部队的战事总布局、主要防御手段、海岸线的炮位、据点和战壕已有所了解，但在 1 月底，即隆美尔指挥之时，他们又做了大量增补和修缮工作。因此，我们要特别注意勘测可能出现的障碍，并设法解决。

通过连续的空中侦察，我们获悉了英吉利海峡对岸的具体情况。当然，我们还有其他侦察手段。我们派出的工作队多次乘小艇出航，主要是为了解决疑难问题、在临海区域静观形势、勘察敌军新障碍点以及检测海滩的坡度和地质。上述行动都只能在夜间开展，通过悄悄接近敌军进行隐秘侦察，并及时撤退。

何日何时展开进攻和突击，让人难以抉择，因为到那时发动首攻的舰队需要上岸。其他行动时间也必须根据这一时间再做安排。对此，大家一致同意趁着夜色接近敌军海滩，这样一来便能掩护舰队和空中部队。同时，我们要在发起进攻前的黎明时分，向小舰艇下达疏散命

令并准确掩护轰炸。然而，如果发起进攻前天已大亮，那敌军将有足够的时间从惊慌中恢复作战状态，进而向我方登陆部队开火。

其次是潮位问题。如果我们在高潮位登陆，那水下的障碍物将阻碍登陆；反之，部队将花大量时间走过退潮后露出的海滩。此外，还有许多其他因素也需加以考虑。最终，我们决定在高潮位前三个小时登陆。但全部安排远不止如此。东西海滩的潮位涨落相差四十分钟，此外，某英国部队登陆区还有一处暗礁。因此每个区域必须有其自身的"进攻时间"，且各不相同，时间差最长达八十五分钟。

阴历每月只有三天满足上述所有要求。5月31日后便是艾森豪威尔将军确定的第一个三天的周期，时间为6月5日、6日、7日。最终选定6月5日。若是这三天天气恶劣，那整个行动都将至少延期两周——确切而言，若是我们要等到月圆之时，只有再往后延一个月。

*　　*　　*

4月份，我们的计划终于出炉。邓普西将军率领英国第二集团军，该军三个师计划在卡昂北部和东北部登陆。在登陆前几个小时，一个师空降至卡昂东北部，以期夺取奥恩河下游的各个桥梁，并掩护集团军东翼。集团军右翼是美国第一集团军，该军由奥马尔·布雷德利将军统领，并在维尔河河口的东、北海岸各登陆一个师。在北岸登陆的这一师将由降落在内陆几英里开外的两个空降师进行掩护。此外，每个集团军都有一个师在舰艇上待命，以备紧急增援。

首攻目标包括卡昂、贝叶、伊西尼和卡朗坦。事成之后，美军将跨过科唐坦半岛向前挺进，并北上占领瑟堡。英军则在东面保护美军侧翼免遭敌军反击，占领卡昂南部及东南部区域用以铺设飞机场和使用装甲部队。我们希望能在登陆三周后抵达法莱塞—阿弗朗什一线，届时同大批已经登陆的援军一道，向东突击挺进巴黎，向东北进军塞纳河，向西夺得布列塔尼半岛的各个港口。

以上计划的成功与否，关键在于我们能否在各个滩头迅速集结部

队。为配合错综复杂的船舶调动，我们设立了一个专门机构，位于朴次茅斯港的最高统帅司令部，其附属的三军联络处则设在各个出发港。这样一来，驻在远海岸的指挥官们便能够掌控各自海滩的物资供应情况。同时，我们另设了一个类似的机构，以控制空中供应物资的运输。在法国海滩扩大并丰富多个机构是此次行动的主要特色。不久后，这些滩头便同主要港口一样繁忙起来。

海军的任务是使陆军安全通过英吉利海峡，并不遗余力地协助登陆行动；其后，在危机四伏的航行中与敌军的袭击下，确保增援部队和供应物资顺利抵达。海军上将拉姆齐率领两个特种舰队，该舰队由英美两军组成。其中，东特种舰队由海军上将维安领导，负责英军海上作战的一切行动。另一队则由海军上将柯克领导，该部队与美国第一集团军使命相同。这两个舰队的指挥部共管辖五支突击舰队，每个舰队运输一个师的兵力，并运用专门配备的舰艇为登陆部队提供密切支援。它们是此次进攻行动的中坚力量。强大的盟国海军和空军将围绕并保护着这些突击舰。

部队出发的港口东至菲列克斯托，西达布里斯托尔海峡，由此出发的船队将沿着海岸被护送至怀特岛附近的集结点。这支庞大的舰队将由此航行至诺曼底。由于我方南部各港口过于拥挤，以及为了进一步加强诱敌计划，重型海军轰炸舰队将被部署于克莱德湾和贝尔法斯特港。

在靠近敌方海岸时，尽管德军 U 型潜艇和海面轻型艇给我方带来不少威胁，但水雷才是我们面临的最大挑战。因此我们对扫雷行动极其重视。敌方的水雷障碍区横贯我们整条登陆线，且我们无从得知敌方在我们展开袭击的最后一刻又将作何调整。为掩护此次进攻，我们必须肃清十条航线的水雷，然后再对整片区域进行勘测。目前，我们已经集中了二十九艘小型扫雷舰队，舰艇总数达三百五十艘。

在前面的章节中我们已谈到，轰炸指挥部的任务是进行大规模的猛烈进攻，目前他们的攻势已持续数周。在利·马洛里空军上将的率领下，盟军战略空军部队不仅要协助重型轰炸舰摧毁敌军通信设施和

孤立作战区，同时还在陆地作战展开前击溃敌方空军。进攻日前三周，德军各飞机场和设施遭到轮番轰炸，同时，我方战斗机成功诱导了不愿作战的敌军出战。就突击本身而言，空军的首要任务是保护我方海军部队和运输队免遭海上和空中袭击，随后捣毁敌军的雷达装备，并在加入联合突击的同时，另派战斗机为舰队停泊处和各滩头提供掩护。此外，三个空降师连同若干特遣队，将趁着夜色被安全送往目的地，其目的是鼓励与支持正在火热进行的抵抗运动。

* * *

掩护第一批登陆队的轰炸任务是此次行动的一个重要因素。在进攻日之前，为设下陷阱，我方发动空袭的区域不仅包括各登陆滩头，还包括法国沿海的众多炮台。进攻日前夜，英军强大的重型轰炸机袭击了十处可能阻挠登陆的重要炮台。第二日清晨，在射弹观测机的引导下，中型轰炸机和各舰艇上的炮火将取而代之，继续作战。天亮后约半个小时，美军重型和中型轰炸机全体出动，向敌军防御工事发起进攻。紧接着，海军突击艇上的各类炮火和火箭也一并投入愈演愈烈的战斗。

* * *

当然，我们的准备工作不仅限于真实的作战。敌方一定知晓我方正准备大举进攻，因此，我们必须隐瞒真正进攻的时间与地点，让敌军以为我们另做打算。我们为此费尽心思，大量筹划，其中包括：禁止游客踏入海岸区域；执行严密的审查措施；在特定日期后收回所发信件；禁止外国大使发送密码电报，甚至延迟发送他们的外交信袋。

我们所设的主要陷阱是佯装横渡多佛尔海峡。时至今日，我也不能透漏成功诱导敌军的所有方法，但一些明显的方法为：假意将军队集结于肯特和苏塞克斯；在五港口集结大批虚假舰队，并在附近滩头

作登陆演习；以及进行频繁的无线电报通信交流。相比真正的登陆点，我们对这些虚假地区展开了更多侦察活动。我们对最终的结果甚为满意。德国防军最高统帅部对我们故意散播的种种迹象深信不疑。而德国西部战线总司令官龙德施泰特甚至确信多佛尔海峡就是我们的袭击目标。

*　　*　　*

　　我们需要集结整个突击部队，其中包括十七万六千名士兵、两万辆车以及数万吨军需品，并于进攻前两日悉数运至目的地，该任务本身就十分艰巨。这项任务主要由陆军部及铁路当局执行，并大获成功。该部队从北部营地出发，跨过整个英国后抵达南部各郡，进驻伊普斯威奇后转战到康沃尔和布里斯托尔海峡。这三个空降师原计划在海上突击前降至诺曼底，现已集结在飞机场附近便于起飞。此外，部队将按照登船次序从后方集中地出发，抵达靠近海岸集结点的营地。同时，我们根据他们所乘船只或舰队的容载量，将其分成若干分队。此时，所有士兵皆已就位。一旦下令，任何人不得踏出营地半步。这些营地位于登船点附近，而登船点都是些港口或"硬地"，即用混凝土加固的滩头地带，便于部队乘小型舰艇抵达。它们将在此同海军舰只会合。

　　要想所有海陆行动都避开敌人的视线似乎不大可能。不过我方有许多诱敌目标，可用来引诱敌方空军，且我军防卫准备万无一失。我方有近七千门弹炮火箭以及一千多个防空气球，可掩护大批登陆的士兵和车辆，但德国空军却毫无迹象可寻。回想四年前的局势，真是今非昔比啊！英国国民自卫军耐心等候多年，就为了这意义重大的一战，如今他们终于得偿所愿。这些士兵不仅加入了防空和海防部门，还接管了日常安保工作，这样便能使得更多战士投入战斗。

　　整个英国南部由此便集结为一个庞大的军团，军团里的士兵都训练有素，并且迫不及待想要跨过海峡与德军展开殊死搏斗。

EIGHT

罗　马

盟军整编——盟军全面进军——威尔逊将军的报告——战事即将到达高潮——攻占奇斯泰尔纳——德军垂死抵抗——进入罗马——战时内阁向全军发出贺电——苏军战绩辉煌——希特勒在三大战场的军队即将崩溃

我军驻意大利军队的整编行动已秘密完成。我们也想方设法掩护我军动向并引诱敌军。整编工作完成之时，克拉克将军率领的第五集团军便拥有七个师以上的兵力，其中四个师为法军，悉数驻扎在从沿海至利里河河谷一线；这样一来，利斯将军现率领的第八集团军将携近十二个师的兵力，继续把守从卡西诺通往山区的战线。安齐奥滩头已集结六个师的兵力，皆整装待发，伺机而动，只余下三个师的兵力据守亚得里亚海地区。盟军共已召集超过二十八个师的兵力。

德军共有二十三个师同我军对峙，但我方曾扬言在罗马港口契维塔韦基亚登陆，这一诱敌之举使凯塞林困惑不已，以致德军兵力过于分散。卡西诺和海岸之间的地带是我军的主要进攻之处，但德军仅派四个师驻守此地，其后备军队也较为分散且距离此处甚远。我方的进攻令敌方措手不及，当时驻扎在英国前线的德军正值换班，其中一名空军指挥官甚至已准备度假。

5月11日清晨，我与亚历山大将军互通电报。

首相致亚历山大将军：

　　我们将所有期望都寄托于你，我坚信这将会是一场决定性的战役，而且在这场战役中，我们要誓死抵抗，立志粉碎

敌人在罗马南部的武装力量。

1944 年 5 月 11 日

亚历山大将军致首相：

我军部署与准备工作皆已完毕，正蓄势待发。对于击溃驻扎于罗马南部的敌军这一目标，我们信心十足并且势在必得。我们深知，此次战役艰苦卓绝，但我们已做好准备。战争打响后，我将使用私人密电向您汇报。

1944 年 5 月 11 日

当晚 11 时许，我方两支军队向敌军射出两千发炮弹，声势浩大的战役就此开始，黎明时分，战略空军部也全力加入，战况愈演愈烈。在卡西诺北部，当地的波兰军队试图包围卡西诺修道院的周边地域——我军曾在此地遭受失利，但这次我们抵挡并且击退了他们。英国第十三军以英国第四师和印度第八师为先锋部队，成功地在拉皮多河对岸建立了多个小型桥头堡，并奋力坚守阵地。在第五集团军前线的法军迅速进军，直至挺进费托山，但美国第二军在靠海的侧翼遭到敌军的顽强抵抗，尽显寸土必争之势。经过三十六个小时的激烈交战，敌军颓势渐显。法军攻占了马约山。朱安上将则率领其机动师，沿着加里利亚诺河向上游快速前进，以夺取圣安布罗吉奥和圣阿波利纳勒，从而肃清了该河西岸的全部敌军。第十三军则横渡拉皮多河，深入敌军坚固的防御地带，5 月 14 日，他们与前来增援的第七十八师会合，之后便开始不断取得良好的进展。法军再次向奥森特山谷挺进，并攻占了奥索尼亚，而后朱安上将率领哥姆团①穿过人迹罕至的山林进而向西挺进。美军则成功夺取了圣玛丽亚因范特，这是美军奋战已久的目标。侧翼的德军损失惨重，因为他们不得不应对第五集团军六个师

---

① 哥姆团，一支摩洛哥土著军队，由法国军官及士兵率领，以善于在山地作战著称。

的进攻，利里河南部的德军也尽数瓦解。

利里河北部的敌军罔顾其临海侧翼的溃败，仍坚守古斯塔夫防线的最后阵地，但也渐渐力不从心。5月15日，第十三军抵达了卡西诺—皮格纳托罗公路，利斯将军率领加拿大军团也准备乘胜追击。16日，第七十八师向敌军西北方发起猛攻，突破其防御工事并抵达第六号公路；17日，波兰军突袭了修道院北部。他们此次大获成功，并成功夺取了西北部山脊，此处可俯瞰公路。

5月18日清晨，英军第四师终于肃清了卡西诺镇的德军，波兰军队也在修道院的废墟上成功升起了他们的红白国旗。尽管波兰军并不是先锋部队，但他们在意大利的首次作战中战绩斐然。安德斯上将是苏军俘虏的幸存者，波兰军队对其信任有加，其后，他率领该军在进军波河时所向披靡，战果累累。第十三军也沿其前线推进，抵达阿奎诺郊外，加拿大军团则行至其南部。在利里河的对岸，法军已抵达埃斯佩里阿，正向皮科推进。美军已占领福尔米阿，且战绩辉煌。而敌军上将凯塞林正尽其所能地增派援军，但援军却零零星星地赶来，面对来势汹汹的大批盟军只能仓皇应战。第八军还须突破阿道夫·希特勒防线，该防线从蓬泰科尔沃延伸到阿奎诺，再到皮埃德蒙特。从目前来看，敌军在不久后定会大举撤退。

因此，我军指挥官有两点需要注意，一是突破安齐奥防线的时间与方向；二是德军以公路沿线的阿尔本山和瓦尔蒙托内为基地，死守罗马南部的可能性。

* * *

首相致亚历山大将军：

你部一路所向披靡，对此我表示衷心的祝贺。

有人认为，若是一开始就给安齐奥以重击，结果或许更为喜人。但我与帝国参谋长都赞成你的观点，即现阶段我们最好能继续向敌军施加压力和威胁。不知你意下如何，请复电告知。

在今早的复电中，你谈到暂停作战以便调遣炮兵。此次调遣将耗时多久？是几天还是更长时间？我认为当务之急是乘胜追击。因为正常情况下，败军不可能停留在其后方战线已挖好的战壕中，除非该战线早已被另一支军队据守。

我想了解自开战以来你军的伤亡情况。切勿申请补充任何兵力，以免扰乱常规作战。我估测你部在全线的伤亡人数达到七八千人。请告知于我真实伤亡人数是在此之上还是之下。

愿你与你部士兵一切顺利。

1945 年 5 月 17 日

亚历山大次日复电：

亚历山大将军致首相：

十分感谢你的祝贺，战士们也都备受鼓舞。

1. 我已慎重权衡突围安齐奥防线的利弊，在众多因素中有两点颇为重要。一个是敌军在该区域的后备军第九十师和第二十六师军资力量雄厚，我想将他们先行引开。你知道，第九十师已被引往主战区域，第二十六师的部分军队也已调离。另一个是德军已料到我军主要进攻安齐奥，但我军却出奇制胜。我已命美军第三十六师于今晚向滩头阵地进发。我计划让他们分批秘密进入，并伺机重创敌军，阻挠其前往罗马。事成之后，将对战争产生决定性影响。

2. 此举的目的不仅要向主战线上的敌军施以重压，还应加大力度。我已命第八军在德军站稳脚跟之前竭力突破利里河河谷处的阿道夫·希特勒一线；波兰军则即刻挺进皮埃迪蒙特，自北部突破该防线；而法军则应在抵达皮科后北上从背后突击与第八军交战的敌军。若是这些计划都能够顺利进行，那将对摧毁德军第十军的右翼大有裨益。若我军在阿道夫·希特勒前线受阻，无法突破敌军防线，那将不得不全面大举进攻。在这种情况下，我们就需将重炮队调往前线，此举将耗时数天。不过你大可放心，这并不会出现无故延误。德军很快便能重整旗鼓，但我决不允许他们有这样的机会。

3. 我部最新伤亡情况如下：第八集团军伤亡人数为六千人，第五集团军为七千人，总计一万三千人。

4. 对我部及我个人而言，夺取卡西诺的意义重大。我认为它不仅具有外交价值，更能加大我军的宣传力度。

1944 年 5 月 18 日

威尔逊上将已离开阿尔及尔去往前线，他也递交了报告，内容如下：

威尔逊上将致首相：

目前战事进展一切顺利。今天，我视察了波兰军队，全军正在为卡西诺战役的胜利而欢欣鼓舞，此次战役战况激烈，胜利也来之不易。

第八军和美军尚有精力持续战斗，但就目前的伤亡情况来看，朱安上将的部队在苦战八日之后是否还留有余力尚且未知。今日，在朱安上将的司令部里，我就此事与戴高乐将军展开讨论。他同意即刻从北非调派一个装甲团和一个步兵团，并待部队完成美式武器训练后继续增派更多的援军。

1945 年 5 月 18 日

* * *

尽管敌军仓皇应战，但其士兵斗志昂扬，防御工事坚不可摧。因此，第八军在对利里河谷处的阿道夫·希特勒前线发起多次试探性进攻，但仍一无所获。这样一来，我军进行定位突击便在所难免，这种突击只能在 5 月 23 日发动，在此期间，法军经过一番苦战之后夺取了皮科，美国第二军也已抵达丰迪。此时，德军担心其南翼的安危也情有可原。

　　首相致亚历山大将军：

　　　　你军战斗眼看就要进入白热化阶段，且万众瞩目。由于敌军绕其左翼撤退，美法两军的进军自然而然地成了报纸的头条新闻。你给予波兰军应有的赞扬使其名声大噪。

　　　　昨日，内阁有人问到英军在战争中所起的作用是否获得了相应的关注。因为他们的抗战区域在整条战线上最为坚固，最难攻克。虽然我们不想看到任何不实报道，但现在的新闻会让人不禁质疑英军是否为战争做出了巨大贡献。我当然知道事情的真相，但公众却感到十分沮丧。因此，若你认为英军在战争中的表现有值得一提的地方，不妨在公告中稍加提及。

　　　　　　　　　　　　　　　　　　　　　　1944 年 5 月 23 日

　　加拿大集团军肩负着向利里河发动主攻的重任。5 月 24 日午时，该军彻底突出重围，其装甲师也向切普拉诺挺进。次日，德军全面撤退，并在前线遭到第八军的围追堵截。

＊　　　＊　　　＊

　　亚历山大将军已决定在第八军突出重围的同时，向安齐奥的滩头阵地发起进攻。此时，美军上将特拉斯科特正率领其集团军（仍称第六军）的两个师重创奇斯泰尔纳。苦战两天之后，美军于 5 月 25 日占领了奇斯泰尔纳，同日，安齐奥滩头阵地的部队也同美国第二军的先锋部队取得联系，该部队在占领特拉契纳后继续挺进。经过长期作战，我方部队最终胜利会师，在安齐奥的辛勤努力终于迎来了收获的季节。

亚历山大将军致首相：

在此谨将一些令人愉快的好消息奉上。我每日向帝国参谋长提出的例行报告随后将按常规渠道递送。

敌军曾耗费一整个冬季备战古斯塔夫防线，该防线以拉皮多河为屏障，但我军两支部队在首攻中便顺利地突破了防线，使得敌军在开战第一周就被迫撤离。卡西诺要塞虽固若金汤，但也被我军绝妙的钳形包抄一举拿下，最终使它与战场隔开，陷入孤立。

所谓的阿道夫·希特勒防线因布满铁丝网、地雷和钢筋混凝土建造的碉堡而被大肆吹捧，如今也被第八军彻底粉碎。

我方利用滩头阵地的优势在德军后翼部署了强大兵力，目前正在进行更大规模的钳形进攻。截至目前，我军突入敌军阵地最深处的直线距离为三十八英里。

在安齐奥地区，美军已穿过敌军设下重防的固定防御带，向前推进了四千码，并成功包围了奇斯泰尔纳。

我军共俘获了一万多名敌兵，敌军伤亡惨重，具体数目不详。由于战场扩大、行军速度加快，目前还不能清查缴获的物资，但其中至少包括一百多门不同型号的大炮、大量弹药以及其他装备。我方空军则彻底炸毁了敌军的大量机械化运输工具，并声称今天至少毁坏了一百辆车。

至于与我军交战的德军各师，其中作为战斗编队的第七十一步兵师和第九十四步兵师已被我军击溃。第一伞兵师、第九十装甲近卫师以及第十五装甲近卫师也元气大伤。第二十六装甲师、第二十九装甲近卫师、第七一五师和第三六二步兵师伤亡惨重；第五七六团、第三〇五团、第一三一团，以及第四十四师也被彻底剿灭。敌军所有后备军，包括据说曾驻于罗马北部的一个师也被卷入战场，而且种种迹象表明：德军赫尔曼·戈林师（属国防军最高统帅部后备军）正打算南下，企图挽救战局，但此事还不能公开，因为我们还未能确定该师的身份。

我方两支军队同盟军合作十分愉快。英、美、法、加、新西兰、印度及波兰军队都并肩作战。英国军队在一次次艰苦卓绝的战役中战功显著，以在横渡拉皮多河以及自南面转入卡西诺一役中尤为突出。我会将他们的功绩在大公告上公之于众。此外，英美空军合作无间，并为彼此军队提供了或近或远的支援。盟军的海军部队也在轰炸敌军、海上运输及供应物资方面采取了联合作战。无论是现在还是未来，这都将被视为一次同盟作战的范例。

最终，短短两周之内，我们便从德国侵略者的手中收复了意大利失地，面积达五百平方英里。

1945 年 5 月 24 日

* * *

特拉斯科特将军迅速利用了其在奇斯泰尔纳打开的缺口。在克拉克将军的指示下，他向韦莱特里和阿尔本山区派遣了三个师，其中一个师为装甲师；同时命令美军第三师挺进瓦尔蒙托内，他们将在此切断敌军南下逃跑最重要的路线。但这一安排与亚历山大的指示相悖，因为亚历山大认为瓦尔蒙托内才是主要进攻目标。

首相致亚历山大将军：

听闻你们的捷报，我们喜不自胜。如今看来，没有什么比切断敌军的撤退路线更重要的了。我相信，你们会在仔细斟酌后动用更多装甲部队沿着阿平昂古道①支援最北端的先头部队，该部队正朝着瓦尔蒙托内—弗罗齐诺内公路前进。

① 阿平昂古道，由罗马的执政官克劳迪亚斯·阿皮尤斯主导修建的军事要道，最初只用于连接罗马城和卡普阿城，约 212 公里，后来又延伸了 370 公里，一直通到海港布林迪西。——译者注

追击敌军比占领罗马更为重要，成功追击敌军便能占领罗马。因此，当务之急是追击敌军。

1944 年 5 月 28 日

首相致亚历山大将军：

除了前电（上封电报）所述情况外，我还清查了来自各处的坦克数量。帝国总参谋长向我提供的数据表明：你部至少拥有两千五百辆可用坦克。可以肯定地说，我们可将一半坦克用于（之后也确实都派上了用场）镰形阻击，以切断敌军退路。

两三天之内，我将公开向你及你部发送通知，而且无条件支持你们，但出于革命情谊，我想我应该告诉你这个事实：你们目前在此次战役中虽然已享有盛誉，但日后人们的评判标准不在于你们是否占领罗马或与先头部队会合，而在于追击了多少德国师。我相信你已心中有数，或许你早已照此行事。尽管如此，我认为我还是有必要向你再次强调追击敌军的重要性。

1944 年 5 月 28 日

受我方的毁灭性空袭影响，赫尔曼·戈林师及其他残余部队的行程遭到延误，但他们还是先行抵达了瓦尔蒙托内。克拉克将军派出的那个独立美国师途中受阻，而敌军的逃亡之路却畅通无阻。这可大为不妙。

南面的敌军已经全线撤退，盟军空中部队已竭力阻击敌军的调动，并粉碎了已集结的敌军部队。而敌军顽强的后卫部队则在不断阻拦我方追击部队，他们虽已疲惫不堪，但尚未溃散。这时，美国第二军进军普里韦诺，法军则进入切卡诺，加拿大军同英国第十三军共同向弗罗齐诺内的山谷挺进，英国第十军则踏上了前往阿韦察诺的公路。安齐奥防线突破口派遣的三个美国师则被派往韦莱特里和阿尔本山，随

后获得第四师和第三十六师的增援，却遭到敌军的顽强抵抗，激战三天仍毫无进展。他们准备对瓦尔蒙托内发起新一轮进攻，凯塞林已尽力集结尚能应战的部队前来增援。然而，美军第三十六师的精彩一击想必已令其惊慌失措。美军第三十六师一直在阿尔本山西南角艰苦奋战。5月30日晚，美军发现德军遗漏了一处制高点，没有驻兵设防。于是，他们的步兵以密集的纵队挺进，并成功占领各据点。二十四小时之内，美军第三十六师就建立了牢固的阵地，攻破了德军在罗马的最后一道防线。

亚历山大将军致首相：

感谢您的来电。

我们拥有约两千辆可用坦克。

从我的行动命令中您会发现，我的目标是击溃该战场的德军。

我们的战斗部队不会进城，仅使用通往罗马的公路。此外，我还在考虑能否在介绍我部的军事公告中仅提夺取罗马一事，至于我军每日在行军途中对一些居民区的占领则无须告知。我万分期待您的建议。

您一定已获悉，新的德国师正朝罗马而来。我希望不要像之前那样过早停止增援，否则我们将不能利用目前的有利形势赢得全面胜利。

1944 年 5 月 30 日

首相致亚历山大将军：

我完全同意你的作战计划，也相信你定能予以实施。

夺取罗马之举工程浩大、举世瞩目，不应受到任何轻视。我希望英美军队能一并进入罗马，与同日夺取的其他城镇相比，它将意义非凡。你说的没错，只要击溃罗马的德军，我们便能进军罗马和其他地区。我们在美国三军参谋长这些朋友面前已表明立场，并承认你为此次战役的倾力付出，这是值得庆幸的！我将赋予你第一优先权，使你获得所需的一切资源，以赢得这场光荣的胜利。我相信，美国三军参谋长此时绝不会抽身，或为了开展其他两栖作战而削减在罗马的兵力，而这些两栖作战计划不久后便会取代我军计划，占据优先地位。

祝一切顺利。

1944 年 5 月 31 日

尽管美军第三十六师取得了胜利，但并没有立刻带来良好的效果。敌军还在阿尔本山和瓦尔蒙托内两地苟延残喘，尽管其大部分兵力已被我军驱赶至北部，前往阿韦察诺及阿尔索利，但他们又在这两地遭到英国第五、第十三军及空军的围追堵截。不幸的是，该地的山区地形致使我军无法发挥装甲部队的威力，否则我们将大占优势。

6 月 2 日，美国第二军夺取了瓦尔蒙托内并向西挺进。当晚，我军瓦解了德军的抵抗，次日，位于阿尔本山的美国第六军与它左翼的英国第一师和第五师一同进军罗马。在这期间，美国第二军的推进速度略为领先，原因是他们发现大部分桥梁完好无损。6 月 4 日下午七时十五分，美国第八十八师进入罗马市中心——威尼斯广场。

6 月 9 日，我向所有人都发去战时内阁的贺电，同时我以个人名义向亚历山大将军发送了一封电报，内容如下：

在此，我对你们取得的这些功绩表达祝贺。我们一致认为，粉碎德军武装力量是主要目标。确切地说，你部所占阵地及在空中、装甲部队方面的优势为赢得战争胜利创造了有利时机，应以更快的速度进一步重创溃散的凯塞林部队，使他们在向北撤退时付出惨痛代价。

此外，我们非常高兴你能代表我方向在一次次战役中表现出色的美、英、加、新西兰、南非、印度、法国、波兰及

意大利军队致以祝贺。

我同你一样，希望我军能坚持不懈地追击敌军、切断其退路，再创辉煌。

* * *

我随时将战事进展悉数告知斯大林。6 月 5 日，当其他作战行动也还在推进中时，我便将向他传达了我们的好消息。

首相致斯大林元帅：

获悉盟军进军罗马的消息，你定会十分高兴。我们一向认为，尽可能切断敌军的逃路更为重要。如今，亚历山大将军正下令装甲部队向北进军特尔尼，应能大致切断敌军所有的退路，这些军队是由希特勒派往罗马南部的作战部队。尽管在安齐奥和内图诺的两栖登陆并未立即收获预期的成果，但这是一场正确的战略性行动，最终我们见证了这些回报。第一，这场行动从下列各个地方成功引来了敌军的十个师，包括法国、匈牙利和丹麦各一个师，南斯拉夫和伊斯特拉各四个师和意大利北部三个师。第二，该行动促使我们展开了一场防卫战，我们在此次战役中牺牲了两万五千名士兵，击退德军并摧毁该师的大部分战斗力，致使德军损失三万人。第三，在安齐奥的登陆令我们能更大规模地按原计划执行。亚历山大将军正集中一切力量围困罗马南部的德国师。其中几个师已经撤退到山区并遗弃了大批重型武器，但我们还是希望能很好地整合这些俘虏和物资。一旦完成这项任务，我们将决定如何将其用在意大利的部队中，以支持主要作战。至此，波兰、英国、法国和美国都在前线战役中击溃或打败了对抗他们的德国部队，稍后我们还要考虑其他各种重要的作战抉择。

两天前，我在艾森豪威尔司令部视察了部队的登陆情况（诺曼底），今天刚回国。我发现，要想获得良好的天气状况，我们还须解决诸多困难，尤其要结合潮汐、海浪、大雾和云层的情况对海陆空三军作整体部署。为此，艾森豪威尔将军只能被迫延迟一晚登陆，但天气预报又给我们带来了有利转机，于是，我决定今晚展开行动。我们动用了五千艘舰艇，此外，还有一万一千架装备齐全的飞机供我们使用。

1944 年 6 月 5 日

　　热烈的祝贺纷至沓来，就连苏联也向我发来贺电。

　　斯大林元帅致首相：
　　我对英美盟军成功夺取罗马的伟大胜利表示衷心的祝贺。苏联人民闻此消息都欣喜不已。

1944 年 6 月 5 日

＊　　　＊　　　＊

　　斯大林之所以心情大好，是因为他那方的事态进展顺利。苏联的抗战规模远远超出了我之前提到的任何战役，当然也为英美军队达到战争高潮奠定了基础。苏联人不给敌人任何喘息机会，致使敌军无法从 1943 年初冬的严重败退中恢复。1 月中旬，在从伊尔门湖至列宁格勒长达一百二十英里的前线上，苏军突破了列宁格勒前面的敌军防线。2 月底，德军已撤退至楚德湖滨。列宁格勒彻底解放，苏军也得以立足于波罗的海的各国边界。

　　苏军在基辅西部进攻得势，从而迫使德军退回到波兰的旧边界。整个南部前线硝烟弥漫，德军防线有多处被深入攻破。此外，克尔森地区形成了一个袋形包围圈，德军受困其中，几乎无人逃脱。

　　整个 3 月，苏军在陆空乘胜推进。从戈麦尔至黑海，德国侵略军

全线撤退，他们横渡德涅斯特河，直到回到罗马尼亚和波兰才停止行动。随后，德军在春季解冻期间获得短暂休整。然而，我们在克里米亚仍可继续作战。经过三天的激战，苏军于 4 月 11 日突破了彼列科普地峡[①]，并同其他穿越刻赤港的部队会师，一同击垮德国第十七军，并收复了塞瓦斯托波尔。

5 月底，希特勒军队的惨败局势已回天乏术。面对苏军的再次大举进军，他在东线的二百个师毫无招架之力。如今，他已陷入四面楚歌的境地。眼下，他应思考如何重整军队、在何处撤退以及在何处坚守。但恰恰相反，他命全军坚持阵地、抗战到底，不允许任何地区的军队撤退。这也就注定了德军之后在三大战线上的彻底溃败。

---

① 彼列科普地峡，连接欧亚大陆和克里木半岛的窄长的陆地，宽 5 至 7 千米。——译者注

第九章

NINE

进攻日前夕

为远征军提供大批车辆——进攻日的紧张气氛加剧——国王陛下愿一同征战——在地图室会谈——越发恶劣的天气——史末资元帅的回忆——艾登先生和戴高乐将军的到来——戴高乐将军的愤慨——成败在此一举——恶劣天气蒙蔽敌军——庞大舰队出海——战事高潮来临

5月15日，星期一，此时距进攻日还有三周，我们在位于伦敦圣保罗学校的蒙哥马利司令部召开了最后一次会议。与会人员有英国国王、史末资元帅、英国三军参谋长、远征军的指挥官及许多重要的参谋长。会议桌上有一张关于诺曼底海滩及周围腹地的地图，该地图摆放倾斜，便于大家观看。同时，地图设计巧妙，使得参谋长能一边讲解作战计划一边走动着指明地标。

上午的会议由艾森豪威尔将军致开幕词，国王致闭幕词。我也在会上发表了讲话，并谈到"我越发坚定这一作战计划"。而艾森豪威尔将军却在他的一本书中将我的这番话理解为我此前曾反对横渡英吉利海峡这一计划，而事实并非如此。若是读者能回顾前面的内容，便会发现我在3月11日致马歇尔将军的电报中曾谈及此事，并解释道："尽管我们在莫斯科设下的限制条件尚未一一应验，但我还是希望能全力展开进攻。"

其后，蒙哥马利上台发表了肺腑之言。他的讲话受到了数位海陆空指挥官以及首席后勤长官的一致认可，这位后勤长官也谈到为军队登陆后所做的精心部署。但随军用品数目惊人，这不禁让我想起安德鲁·坎安宁海军上将的一则故事：在"火炬"计划的第一批空运中，

甚至连他的牙科座椅也被运送至阿尔及尔。比如说，我知道已有两千名官员和职员正被运送过去做记录工作，而且我还收到了下面这张表格，表格中记载了在登陆二十天后，岸上每 4.77 个士兵就配有一辆车。而每辆车又配有一名驾驶员及其相关维修人员。

	美国		英国		总计	
	车辆	人员	车辆	人员	车辆	人员
登陆后 20 天	96000	452000	93000	450000	189000	902000
登陆后 60 天	197000	903000	168000	800000	365000	1703000

另外还加上伤员替补。

尽管这些数据还包含了诸如大炮、装甲车及坦克等作战车辆在内，但安齐奥滩头地带车辆拥挤的场面仍历历在目。再三考虑之后，我命伊斯梅致信蒙哥马利，向其说明我对摩托车和各类非作战车辆的庞大数目表示担忧。伊斯梅照办后，我们计划于 5 月 19 日前往蒙哥马利将军司令部商谈此事。但此次会面却被不实报道。这些报道称，蒙哥马利将我引进他的书房，同时劝我不要同他的参谋长谈话，如果我坚持在最后关头更改运输计划，他便以辞职加以威胁。报道还称，我已向蒙哥马利妥协，并向他的参谋长说明缘由后离开。因此，我不妨说明一下真实情况。

当我前去与蒙哥马利进餐时，他要求与我单独谈话，于是，我便进入他的书房。我不太记得谈话的具体内容，但他的确向我说明了在距离登陆仅剩十七天之际更改运输计划的种种困难。可以肯定的是，无论是此次谈话，还是其他诸多战事会谈，他从未以辞职加以要挟，而报道中所说的我与他的参谋长的会面简直是无稽之谈。我也绝不容忍这种做法。谈话之后，我们便共进晚餐，晚宴上只有八九个人，且大多都是将军的幕僚。当晚气氛十分融洽，将军还邀请我为他的个人著作题词，我在其他大型战役前也做过类似的事情。于是，我写下了下列内容，这些内容已在别处发表过：

本书所讲述的最伟大的冒险正要扬帆起航，我相信一切都将顺利进行，而且这支军队组织有序、设备精良，定能无愧于其足智多谋的将领和英勇善战的士兵。

然而，我还想再补充一句，我仍然认为在横渡英吉利海峡计划的初始阶段，相对于作战人员而言，运输车辆所占比重过大，由此可见，这项行动不仅面临风险，执行过程也相当困难。

＊　　＊　　＊

此时，我又另生一计。既然我们的目标是解放法国，那么执行行动时让法国师先行登陆也合乎情理，况且法国人还声称他们将再次为法国领土而战。勒克莱尔将军率领的法国第二装甲师长期以来在北非战功赫赫，而早在 3 月 10 日，我就已告知戴高乐，表示我希望他们能在主战场与我们并肩作战。自那以后，三军参谋长便多次对该问题进行研究。艾森豪威尔也为该师的参战感到高兴，而威尔逊将军也不打算命该师进攻里维埃拉。但问题是，如何将该师及时地调回国内并妥善安排？运输部队十分容易，但回国的舰艇数量有限，难以容下他们的装备和车辆。英美参谋长同阿尔及尔的盟军司令部进行沟通后，从地中海返回的登陆舰已将大部分物资运回英国。但在 4 月 4 日，三军参谋长报告称他们还缺两千辆车。如果将英国车辆调遣过去，艾森豪威尔将面临极其严峻的供给问题。几天后，他的司令部声称英美双方都无可调车辆。这意味着这个法国师只有等到登陆后才能展开作战，仅因缺少车辆，而所缺数量对即将投入战场的车辆而言不过九牛一毛。对此，我与艾登先生都深表遗憾，5 月 2 日，我致信艾森豪威尔将军，表达了我的个人请求。

请从你部大批运输车辆中调遣一小部分为勒克莱尔师所用，这对法军回国作战来说意义重大。你不妨回顾一下安齐

奥战场的这些数据：十二万五千名士兵竟然配有两万三千辆车，登陆时，运送这些车辆令人苦不堪言，虽然他们只推进了十二海里。

希望你能谅解我的这一不情之请，我也相信你在拒绝前定会仔细权衡和深思熟虑。

1944 年 5 月 2 日

艾森豪威尔将军的复电令人宽慰。

我已详细了解勒克莱尔师的运输情况，我参谋部成员也就此事与勒克莱尔将军交换了意见。

我了解到该师近一千八百辆车——几乎所有的履带和装甲车都包括在内——已悉数抵达或将于 5 月 15 日抵达，约有两千四百辆车还在运送途中。按照目前进程，有两千辆车能在 5 月 12 日抵达伦敦，其余四百辆则于 6 月 22 日抵达。勒克莱尔上将表示，目前他有充足的物资展开训练，而他隶属的美国第三陆军也会从旁协助。其军队总体的供给情况良好，车辆抵达后，如果仍然缺乏物资，其中包括少量的供给物资，也将由美军方面解决。我相信该师的运输和装备安排，定能保证其在作战前获得适当供给。

1944 年 5 月 10 日

一切都已安排妥当，始发于乍得湖的行军也将途经巴黎，并最终抵达贝希特斯加登。

* * *

随着进攻日的逼近，气氛越发紧张。目前还无迹象表明敌军已破解我方机密。4 月底，敌军曾小胜一把，击沉了两艘演习中的美国坦克登陆艇，但他们丝毫没有察觉此次演习同我方进攻计划有关。在 5 月份，我们发现敌军在瑟堡和勒阿弗尔各支援了一批轻型海军部队，还在海峡处安置了水雷，但总体上仍按兵不动，等待我方发出确切的动向信息。

此时，战事发展迅速，并逐渐推至高潮。自 5 月 15 日会议结束之后，国王陛下曾前往各个集结港口，逐一慰问各突击部队。5 月 28 日，各下级司令接到通知：进攻定于 6 月 5 日。从此刻起，所有人员都被"禁足"至各自的舰只、军营或海滩集结港口。此外，禁止一切信件往来和各类私人联络，个人紧急情况除外。6 月 1 日，拉姆齐海军上将受命指挥英吉利海峡的作战，本地各港口的海军司令也都任他调遣。

而我则认为，我应该前往我军巡洋舰中队的舰只上观看前期轰炸，见证这一历史性时刻，因此，我便要求拉姆齐将军就此做出安排。他安排我在进攻日的前一天傍晚登上皇家海军舰艇"贝尔法斯特"号。这艘舰艇将从克莱德湾出发，途经韦默斯湾，最后全速前往舰艇分队。"贝尔法斯特"号是中路英国海军部队的轰炸艇，我将在该舰艇上留宿一夜以便视察黎明时分的突击。随后，我在海滩上做了短暂的视察，并密切关注未经排雷的区域，之后便返回至一艘驱逐舰上，该舰艇已完成轰炸任务，即将返航英格兰装载弹药。

然而，拉姆齐海军上将认为，将我的想法告诉最高统帅是他义不容辞的责任。艾森豪威尔极力反对我冒此风险，作为最高统帅，他无力担此责任。正如他在自己的著作中所说的那样，我曾告诉他，尽管我们将他视作英国海军部队在此战役中的最高统帅，但英美海军力量对比为四比一，因此我们认为，他无权规定皇家海军英国舰艇作战人员的编制问题。他也接受这一毋庸置疑的事实，但反复强调这一点只会让他徒增忧虑，而且这也与战况发展和双方关系极不协调。我当然也有责任，我必须对自己的行为作出判断。最后，这件事终于定了下来。

然而，情况又变得相当复杂。我已获得国王陛下的许可，因此可

详述此事。在进攻日前一个周二（5月30日），我照例参加每周与国王陛下的午宴，他询问我在进攻日那天作何打算。我回复说，我计划在一艘巡洋舰上视察轰炸实况，国王陛下立刻表示愿一同前往。自日德兰战役以来，除此前遭遇空袭，国王陛下未曾亲临战场，如今他十分憧憬能重温过往的青春岁月。仔细考虑之后，我愿就此事向内阁提议，但内阁表示应先同拉姆齐海军上将进行商讨。

此间，国王陛下意识到我们二人都不应前往时，不禁大失所望，便给我写了一封信，内容如下：

亲爱的温斯顿：

我反复思量我们昨天的谈话，得出的结论是：你我二人都不应在进攻日那天前去观战。因为在这一紧要关头，若是一枚炸弹、鱼雷或地雷伤及你的性命，那对我个人及整个盟国事业意味着什么我想已无须我多言；同样，若此时一国易主，对整个国家与帝国而言也将是一起严重的事件。我知道你我二人都愿前去观战，但我郑重要求你重新考虑你的计划。我认为若是我们亲临战场，无论怎样，那些保卫我们的将士们都会深感负担且倍加为难。

正因如此，我才勉强做出这一决定，即像其他身处高位的人一样留守国内等待消息，这才符合一贯的做法。我非常希望你也能从这一点出发。此外，我只要一想到会有失去你的风险，不再有你的帮助与指导，无论这种可能性多么小，我都将备感焦虑。

你忠实的朋友乔治国王

白金汉宫

1944年5月31日

不久之后，国王又来信：

亲爱的温斯顿：

　　你不用给我回信，因为明天下午我将同你会见，届时你可以向我反馈你的想法，随后我们将一同会见拉姆齐。请相信我。

你忠实的朋友乔治国王

白金汉宫

1944 年 5 月 31 日

＊　　＊　　＊

　　6月1日下午三时十五分，国王陛下在艾伦·拉塞尔斯爵士的陪同下来到了附属大楼的地图室，我与拉姆齐已在此恭候。拉姆齐海军上将并不知道国王陛下来此有何贵干，于是便向陛下解释说，"贝尔法斯特"号将于进攻日清晨展开行动。从他的话语中，我们得知乘坐该艇风险巨大，几乎无法观战。接着，我要求拉姆齐海军上将回避几分钟，其间，我决定询问他关于国王陛下一同登上"贝尔法斯特"号观战的可行性，拉姆齐海军上将立即表示反对。我表示我有必要征求内阁的意见并将他所说的风险告知内阁，我确信内阁不会主张陛下一同前去。于是，拉姆齐便先行离开。国王陛下却说道，既然他去不恰当，那我去也不合适。我回应称，作为国防大臣，这是我的职责所在。这时，被国王形容为"老拉着脸"的艾伦·拉塞尔斯爵士说道，"如果国王听闻首相葬身于英吉利海峡的海底，那他只会更加忧虑。"我答道，一切都已经安排妥当，并且我认为这一风险微乎其微。艾伦·拉塞尔斯爵士继续说道，没有国王的允许，任何大臣都不得离开本国。我回答道，那我就乘坐国王的舰艇。拉塞尔补充说，舰艇将停留在领海以外。随后，国王便返回白金汉宫。

*　　*　　*

6月2日星期五早晨，我乘专列前往艾森豪威尔司令部旁的铁路侧线，该处靠近朴次茅斯，同行的还有史末资元帅、欧内斯特·贝文先生、伊斯梅将军以及我的随行人员。正当我们要启程时，却又收到国王的一封来信。

亲爱的温斯特：

我想再次恳请你不要在进攻日那天乘舰艇前往观战。首先，请站在我的立场考虑这个问题。我比你年轻，而且是一位水手，同时也是一名国家领导人。所以，出海观战是我最渴望做的事情，但我还是同意留在国内。那么，由你来完成我想做的事，这公平吗？昨天下午你说到，若是国王能像过去一样领兵打仗，那是件好事。那么，如今国王不能完成这项任务，我认为首相也不应该取而代之。

其次，请站在你自己的立场来考虑此事。即使你出海观战，也是所见甚少，而且还面临巨大风险，在紧要关头需要做出重大决定时也见不到你。无论你多么不露声色，你的出现还是会为海军上将和舰艇长带来巨大的负担。正如我在之前的信函中所讲的那样，你的参与也会令我心生担忧。另外，此次你先斩后奏，这会令你的内阁同僚们处境尴尬，他们心生不满也无可非议。

因此，我再次诚挚地请求你着眼全局，不要受你个人意愿的驱使而背离了对国家的高度责任感，尽管我对此相当理解。请相信我。

你忠实的朋友乔治国王
白金汉宫
1944年6月2日

在此期间，我的列车刚好停在南安普顿郊外，不久后我们便同艾森豪威尔的司令部通电，并于当天下午前去拜访。艾森豪威尔的帐篷和车队都完美地隐匿于附近的树林里。而国王陛下由于没有收到我的回函而忧心不已，因此，当天晚上十一时半，我用一台倒频电话告知身处温莎城堡的拉塞尔斯，并表示为了满足国王陛下的请求，我已经取消观战安排。同时，我还在次日凌晨写下一封信，并命机车通信员即刻将它送往温莎城堡，信函内容如下：

国王陛下：

请原谅我未能尽早回复您的来信。因为接到这封来信时我正要乘专列离开，其后又一直辗转，不便回复。为确保您今晚就收到此信，我已命一名机车通讯员在此待命。

国王陛下，我认为您来信中的第一段未能充分考虑以下事实，即在英国宪法中，君主与臣民不能相提并论。若是陛下您想如愿登艇观战，事先须征得内阁的同意，如我所言，我认为内阁将极力反对陛下的这一决定。

另外，作为首相兼国防大臣，我应获准前往任何需要我履行职责的地方，同时，我还认为内阁无权限制我的行动自由。事态严重之时，对于像身处我这一职位的人会冒多大风险及其合理底线，我自会进行判断。我必须诚挚地恳求陛下，在我认为需要亲临战场了解实况时，请您不要限制我的行动自由。承蒙陛下您如此关心我的个人安危，我务必要满足您的愿望，确切地说是听从您的命令。得知陛下您希望我继续为您效劳，我备感欣慰。尽管我很遗憾不能前去观战，但我仍然十分感激陛下的这份心意，因为您正是怀着这种心意对您谦卑而忠诚的臣民表示关怀。

温斯顿·丘吉尔

1944 年 6 月 3 日

我不妨再补充一点，如我所料，相关巡洋舰分队并未遭遇任何危险。事实上，也并未造成任何人员伤亡。我本不应谈及此事，但艾森豪威尔将军却已公之于众，他虽出于好意，但无意中却又失准。

　　在此，我要表明多年来对这类事情的看法。如果一个人怀着崇高责任感并在一系列战时重大抉择中发挥着关键作用，那么他需要不断冒险来焕发斗志，也需要在众人前赴后继、誓死奋战时分担一点危险，以此获得心灵慰藉。直接了解战事能激发一个人的个人兴趣与行动力。鉴于我在一战中的所见所闻，我坚信所有上将和其他高级指挥官都应该常亲临战场视察战况。虽然有些愚蠢的理论称，身居要职的人不应置身险地，但我已目睹诸多由此而引发的重大失误。我比任何人都重视自己的安危，但我认为我对战争的认识与了解已足够权威且至关重要，这使我能在这个如何履行职责的个人问题上充分做出判断。

＊　　＊　　＊

　　当时的天气状况开始令人担忧。晴了几天之后又开始阴晴不定。自6月1日起，为研究天气状况，我们每天召开两次指挥部会议。在第一次会议上，天气预报显示进攻日那天天气恶劣，云层低。这一预测对空军行动至关重要，因为它将影响其轰炸和空降行动。当晚，第一艘战舰驶出克莱德港，同时两艘微型潜艇驶出朴次茅斯，其任务是侦测进攻区域的天气状况。6月3日，天气并未有所好转。西风骤起，激起中浪；乌云密布，云层变低。而天气预报显示6月5日还是阴天。

　　6月3日下午，我与贝文先生和史末资元帅驱车前往朴次茅斯，看到了大批部队正启航前往诺曼底。我们慰问了第五十师司令部的舰队，然后乘汽艇顺索伦特海峡而下，对舰艇进行逐一视察。

　　归途中，我们在艾森豪威尔将军的营房稍作停留，并祝他一切顺利。随后，我们便返回专列，正好赶上一顿很晚开始的晚餐。用餐时，比德尔·史密斯致电伊斯梅，并告知他天气状况将继续恶化，进攻行动可能将被迫延迟二十四小时。而艾森豪威尔将军直到6月4日凌晨

才做出最后决定。在此期间，大型舰队仍按计划继续航行。

伊斯梅回来报告了这个坏消息。那些见识了索伦特湾军队阵容的人都认为，如今我们的行动就像雪崩，而我们已无路可退。若是因天气持续恶劣而将行动推迟到 6 月 7 日，那我们至少得再等两周才能实现月亮和潮汐配合的必要条件，这种情况不禁令我们心急如焚。但另一方面，军队又都已整装待命。他们当然不能无限期地被困在这些小型舰艇上。可若非如此，又该如何避免走漏风声？

尽管人人都焦虑不已，但在列车上用餐时，大家都不露声色。史末资元帅依旧声音高亢，谈笑风生。他讲述了 1902 年布尔人在弗里尼欣投降一事，以及他是如何向其同僚一再强调，即使再战也是徒劳，他们必须祈求英国人民的宽恕。因此，他当时被自己的朋友骂成懦夫和失败者，那是他一生中最煎熬的日子。但他最终完胜对方并前往弗里尼欣，赢得了和平。接着，史末资元帅又讲述了他在二战爆发期间的故事，当时他不得不倒戈反对自己党派的首相，因为后者希望保持中立。

凌晨一点半左右，我们都准备就寝。伊斯梅告诉我，他将彻夜不眠，只为等待明天早晨会议的结果。而我对此也无能为力，因此我对他说结果出来时也不要叫醒我。凌晨四时一刻，艾森豪威尔再次会见了指挥官们，并听取了天气专家们的不利预测：天空阴云密布，云层低，西南风加强，有雨且伴有中浪，而 6 月 5 日的天气预报则更为糟糕。于是，艾森豪威尔只好勉强决定将进攻推迟二十四个小时，同时整个军队按周密计划往回撤。海面上所有的船队一律调转船头，小型舰艇纷纷寻求便捷的停泊点。只有一支由一百三十八艘小型舰艇组成的船队未收到消息，但最终被其他舰艇赶上并及时调头才没有引起敌军怀疑。对成千上万名禁足于岸边登陆艇上的士兵而言，这是相当难熬的一天。而美军则从西部港口出发，他们跋涉的距离最长，忍受的痛苦也最大。

当天凌晨五时，比德尔·史密斯再次致电伊斯梅以确认推迟的信息，随后伊斯梅准备休息。半小时后，我醒来去找他并得知了这一消

息。据他称，我得知消息后一言不发。

＊　　＊　　＊

　　早班邮件送来了美国总统的来信，他早在两周前就写好了，但直到这一紧要关头才命人送来。可惜的是，我现在竟找不到这封信的原件。信中，罗斯福语气亲切，并表达了对我们并肩合作和同盟友谊的看法以及对胜利的殷切期盼。我回电表示感谢，但内容却显得不着边际。

　　首相致罗斯福总统：

　　很高兴收到你 5 月 20 日那封感人的来信。这场战役日趋复杂且形势严峻，而在这期间建立起来的友谊是我的最大支撑。艾夫里尔告知我你身体安康，我也从多方得知你方的政治局势已大为改善。我目前还在艾克司令部附近的列车上。他的当务之急是观察天气状况。该地停有成千上万艘舰艇，放眼望去气势恢宏。

　　戴高乐的委员会以绝大多数票数通过决议，即他应接受邀请与我会见。但他本人却犹豫不决，对此马西格利和其他几位委员以辞职加以威胁。我们希望他能在进攻日前一天到达。如果他能来，艾森豪威尔将同他会谈半个小时，且只介绍军事方面的局势。而我将于进攻日当晚返回伦敦。我不指望能与戴高乐解决多少问题，但还是希望"领导权"一词能派上用场，据说该词是你批准赫尔用在演说中的。同样，我也不指望能从滩头地带向前推进会超过多少英里，因为我们所占的多半是人口稀少、硝烟弥漫的地方。待戴高乐抵达后，我有把握在此向他说明这一点。同时，我也会向他转交你邀请他前往美国的信件，并将不断保持联系。

　　你方的一些新闻报道称，他们对我在下议院有关西班牙

的论述大失所望。这一说法有失公允，因为我所做的一切都不过是在重申我于1940年10月发表的言论。而且我也只提及了佛朗哥的名字，以此表明用漫画的形式将他等同于西班牙或将西班牙等同于他的情况都是愚蠢的行为。我不在乎佛朗哥，但我也不希望战后伊比利亚半岛与英国对峙。我不清楚如何才能依靠一个戴高乐主义的法国。至于德国，我们务必要用主力军予以压制，而我们与苏联的联盟长达二十年。请你铭记，这一切美好的愿景都将指日可待。

在此，我们不应仅因不欣赏集权主义的政府形式就主张去攻击那些实行这种体制国家，尽管他们未曾进犯过我们。我不知道斯大林统治下的苏联是否比佛朗哥统治下的西班牙拥有更多自由。但我无意同任何一方发生冲突。

进攻日过后，你我二人是否应该公开向斯大林发送一封简短电报？不过，等我们在海峡对岸站住阵脚时再发也无妨。

本月，我方反潜艇作战取得了史上最高作战纪录：整个盟军部队只有四艘舰艇被击沉，总计约两万吨。此外，我方舰艇以一比四的比例击沉德军U型艇，仅联合舰队就击沉敌军大批舰艇。

很高兴亚历山大没有辜负你对他的支持和期望。你方部队的作战真是精彩绝伦。我听闻，两方军队全军上下都相处融洽，早已情同手足。我很期待同你的三军参谋长见面。而收到哈里的捷报也让我高兴不已，我衷心希望他能再接再厉，对于长时间（10月前）不能与你会见，我深表遗憾。不知我主动前来能否有所帮助，望告知。

1944年6月4日

目前，艾登先生已同戴高乐将军一起抵达，戴高乐将军刚从阿尔及尔飞抵英国。我告知戴高乐，我此次邀他前来是为了即将开展的作战行动。由于此事不可以电报通知，又鉴于英法两国的历史，所以我

认为在英美两国解放法国之前，必须先通知法国。而且我打算在进攻日之前就请他来，但由于天气原因我们不得不将行动延迟二十四小时，也许还要进一步延迟。这次行动事关重大。因为三十五个师和四千艘舰艇已经集结于各港口和营地，十五万人的部队已登船出发，加入首批进攻。但多数士兵却被迫困在空间狭小、极度不适的小型舰艇上。此外，一万一千架飞机已准备就绪，如果天气状况良好，其中八千架飞机将投入战斗。接着，我对炸毁法国铁路及其造成的法国人伤亡深表遗憾，但我们的步兵少于德国，因此这是在我方修建前沿阵地时阻止德军引入强大援军的唯一方法。

戴高乐将军愤慨不已。他要求拥有绝对自由，以自己的密码向阿尔及尔发送电报。他说，作为一个伟大帝国公认的领袖，他有绝对的通讯自由。于是，我请求他切勿向其同僚透露任何有关此次进攻的信息，参加这次会议的人员除外。戴高乐再次强调，他有权同阿尔及尔部队保持联系，以洽谈意大利行动，我解释说只是不能将"霸王"计划纳入商谈。随后，我将我们的计划毫无保留地告知了戴高乐。他对此表示感谢，于是我询问他能否在大型舰队启航后立即向法国发送一封公告。荷兰威廉明娜女王、挪威哈康国王以及预计我们将会向其国土进攻的国家的领导人都已同意这个做法，所以我希望他也如此。戴高乐对此表示同意。

这时，艾登先生也加入会谈，他说道，目前我们都全神贯注于这一即将展开的重大行动，但行动开始后，对某些政治问题进行讨论也许会有所帮助。我解释称，我同美国总统的通信已有一段时间了，一开始他希望戴高乐将军访问美国，但现在似乎没那么紧迫了。这也许是鉴于吉罗将军的先例。总统原本打算同吉罗将军洽谈法军的装备问题，但他现在已被撤职。对此，戴高乐回应道，他认为此时他最好还是留在英国而不是去华盛顿。我提醒他说，"解放法国"的部队在一段时间内仅由少数作战人员组成。艾登和我都极力劝他尽快同罗斯福先生会见。戴高乐表示他愿意前往华盛顿，也向罗斯福总统表达了他的意愿，但他关心解放后的法国由谁来领导这一问题，而这个问题早在去年 9 月就应得到解决。

他的这番言论让我坦率地表达了自己的看法。英美两国为解放法国，不惜让数十万名士兵冒着生命危险参战。因此，戴高乐是否前往美国是他自己的事，但若是法兰西民族解放委员会同美国产生纷争，我们势必会站在美国的阵营。至于解放后法国领土的管辖问题，若是戴高乐将军想要我们询问总统是否同意将法国的全部领导权转交于他，答案是否定的。但若是想要我们询问总统能否让该民族解放委员会成为他处理法国事务的主要机构，答案是肯定的。对于若是美法之间存在分歧，英国则支持美国的做法，戴高乐表示理解。此次会见便以这句有失礼节的话而告终。

不久后，我便将戴高乐带至艾森豪威尔隐蔽于树林里的司令部，他在此受到了隆重接见。艾克和比德尔·史密斯都争先恐后地向他献殷勤。不一会儿，艾克便将他引进用作地图室的帐篷，并在二十分钟内向他讲解了整个作战计划。随后，我们一同回到我的专列。我原本期望戴高乐能与我们共用晚餐，并乘此列车返回伦敦，因为这是最为迅速、最为便捷的线路。但是他还是摆足架子，并表示他宁愿单独同他的法国官员乘汽车回去。

*　　*　　*

时间缓慢流逝，6 月 4 日晚九时一刻，另一个重大会议在艾森豪威尔的战时司令部召开。会议上，天气专家们称目前天气恶劣，简直就像 12 月份的天气，但他们确定 6 月 6 日上午天气会暂时有所好转。过后，专家们还预测恶劣天气将卷土重来，但持续时间尚不确定。因此，无论是立即冒险行动还是将进攻推迟至少两周，对艾森豪威尔将军而言都是孤注一掷。最后，他在指挥官的建议下大胆地选择了前者，但在隔天早上才作出最后确认，后来事实也证明这是一个明智之举。6 月 5 日凌晨四时，他做出终极决定：6 月 6 日发起进攻，成败在此一举。

如今看来，艾森豪威尔的这个决定着实令人钦佩。事实充分证明这个决定是正确的，并在为我方出奇制胜创造了有利条件。事到如今我们才了解到，当时德国的天气预报员向高级指挥官报告称：6月5日、6日为暴风雨天气，敌军不可能在此期间发起进攻，而且该天气状况还将持续好几日。因此，向来警惕而果敢的敌军没有进行任何侦察行动，再加上盟军卓越的空军行动和出色的诱敌计划，使得我方一系列复杂的行动得以顺利进行。

＊　　＊　　＊

6月5日一整天，负责运输先锋部队的舰队集结在怀特岛南部的集合点。此后，我方大型舰队开始声势浩大地向法国海岸挺进，部队最前方铺设了大批扫雷艇，四周则由盟军海军和空军负责掩护。战争前夜，海面恶劣的天气状况使部队遭受严峻考验，其中小型舰艇尤为不适。尽管面临诸多挑战，但我方大规模的进军仍如阅兵式般秩序井然，虽然一些小型舰艇有所损失，但并未对整体行动造成明显的影响。

我方整个海岸的防御系统进入了最高戒备状态。主力舰时刻警惕德军水面舰艇的一举一动，而空中巡逻机一直监视着从挪威至英吉利海峡的所有敌军。在远海域，即西部航线和比斯开湾，海岸指挥部的大批空军在小批驱逐舰的协助下密切关注着敌军的动向。我方情报局称，五十多艘德军U型艇集结在法国比斯开湾，准备伺机出动。决战之际即将来临。

＊　　＊　　＊

随后，我们迎来了西方各国眼中的战事高潮阶段。尽管胜利之路漫长而又艰险，但我们对赢得这一决定性的胜利充满信心。目前，非洲已获得彻底解放；印度已做好抵御侵略者的准备；颓败不堪、幻想破灭的日军正狼狈回巢；澳大利亚和新西兰的危机已不复存在；意大

利则同我方并肩作战；苏联军队也已驱逐德国侵略者。三年前，希特勒从苏联轻而易举掠夺的一切都已随着人力、物力的惨重损失而化为乌有。此外，克里米亚也已彻底解放；苏军已抵达波兰前线；罗马尼亚和保加利亚还在拼命摆脱其东部征服者的复仇；苏联的新一轮攻势与我方登陆即将拉开帷幕。当我坐在附属大楼的地图室的椅子上时，传来了令人振奋的消息：我们已成功拿下罗马。现在，横跨英吉利海峡以解放法国的宏图已经展开，所有舰艇都已扬帆启航。目前，我们已成功掌握了制海权和制空权。由此可见，希特勒暴政必败无疑。

　　行文至此，我们可稍作停顿，我们应该表达我们的衷心感谢，不仅希望能够在各个战场和海陆空大获全胜，而且希望饱经磨难的人类能迎来和平美好的明天。

附录（1）

首相的个人备忘录以及电报

1944 年 3 月

首相致飞机生产大臣：

祝贺你部于 2 月份超额完成飞机产量任务。请替我向所有已完成或超额完成生产指标的人员致以诚挚的谢意。

1944 年 3 月 1 日

首相致罗斯福总统：

我建议你在我方反潜艇战役的月报中补充下列内容（前提是我方 1944 年 2 月沉船报告中的数字无太大增长）：

自美国参战以来，1944 年 2 月是盟军战绩最好的一个月。在整个 2 月里，盟军被击沉的舰只总数不到 1943 年 2 月的五分之一，不到 1942 年 2 月的九分之一。

英方的数据则显示：1944 年 2 月，沉船总重为七万吨；1943 年 2 月为三十七万八千吨；1942 年 2 月为六十五万九千五百吨。此外，我们还缴获了大量德国潜艇。

1944 年 3 月 2 日

首相致国内安全大臣：

感谢你就民间防毒面具检测统计向我提交的分析。我从分析中发现，十分之九的民众已备有这种防毒面具。现阶段，我们投向德军的弹药吨数是德国轰炸我们的三十多倍，因此这有可能引发德国展开毒气战，不过防毒面具基本普及的情况似乎足以应对这种风险。

1944 年 3 月 2 日

首相致艾伦·拉塞尔斯爵士：

你应该看看内政大臣的备忘录，其内容是为"霸王"作战计划安排一个全国性的祈祷日。我认为，以这种方式引发人们关注即将展开的大规模袭击，将招致重大危险，尤其是没有人清楚真正的行动时间。此外，我们必须保持高度警惕，避免军队士气低落。

1944 年 3 月 4 日

首相致飞机生产大臣：

据我所知，目前美国生产的飞机都不上油漆，这不仅节省了生产时间和材料，还能使某些型号的飞机每小时提速二十英里。请告诉我，我国飞机生产部是否也计划采取类似的方法。

1944 年 3 月 5 日

首相致军需大臣：

查尔方特－圣贾尔斯位于阿默舍姆和阿克斯布里奇之间的干道旁。该地有一个垃圾堆或废品堆，而且三年来一直保持运作。每次我前往契克斯别墅时（英国首相府邸）都会经过这里。在过去的几年里，这些垃圾中的易拉罐和金属物品是回收的，还是和其他垃圾一起被丢弃到这里？是将它们筛选出来还是将它们摊开？我只是路过，可能了解不到这些情况。但可以肯定的是，这项垃圾处理工作总是没完没了，且无明显进展。

1944 年 3 月 7 日

首相致波特尔勋爵：

在外交部楼下，也就是圣詹姆士公园的湖对面的草地上，有一个很破的麻布袋，上面有很多破洞，里面的沙子正往外漏，还有一个沙袋堆成的街垒和各种障碍物，这里曾被用作本土国民自卫军的训练场地，但似乎闲置已久。这样一个显眼的地方不应该如此杂乱无章，除非是万不得已。

1944 年 3 月 7 日

首相致财政大臣、海军大臣、陆军大臣和空军大臣：

据我了解，你们正在商讨适量提高军队补贴的万全之策。在基本军饷变动方面，我还是坚持自己的立场。但战争持续时间长，再加上大批待遇丰厚的美国三军人员已抵达英国，因此我们确实应该增加补贴。我还没有深入调查此事，如果为了发放这项补贴，每年的财政支出将增加二千万英镑，我认为这也说得过去。此外，我认为我们应该对已婚人员给予特别照顾，尤其是底层的已婚人员。

请结合以上内容拟订提案，并务必上交于我，对此我将不胜感激。

1944 年 3 月 7 日

首相致陆军大臣（军事运输大臣可见）：

除作战登陆所需的车辆外，我们已无船用于运输装配齐全的车辆。

据我所知，12 月 31 日在地中海地区各种类型的军用车辆共有二十万辆，1 月份又从英国和北美运去了约一千辆。从 9 月至 12 月的耗损量来看，上述这批车辆能否坚持使用四个月？

在接下来的三四个月内，由于舱位急需他用，而地中海战区已拥有大批车辆，能否停止往此地运输车辆？

1944 年 3 月 8 日

首相致罗斯福总统：

有关英国在美国的黄金和美元储备情况。

1. 想必你还记得，我们曾于12月8日在开罗讨论过美元结余的问题，我还向哈里·霍普金斯提交了一份备忘。你认为我们在这些问题上享受的待遇不应逊于法苏两国，对此我非常理解。因为法国至少拥有二十亿美元的储备，且没有外债，苏联也是如此。正如你在电报中所说的那样，这些美元结余并不属于我们在美国的一份特殊资产，而是我们的总储备。从账面上看，相对于这些储备，我们已为共同事业背负了不少于一百亿美元的外债。

2. 自从我们会谈结束后，哈利法克斯勋爵就在1月8日会见了赫尔先生和摩根索先生。他们当时商讨了你在电报的第一段中提到的有待答复的问题。哈利法克斯勋爵向我们报告称，摩根索先生表示当前不准备以任何方式削减英国的美元结余。鉴于他向哈利法克斯勋爵做出了个人担保，我们便予以信任，因此我们同意从租借物资中除去一些在政治方面有困难的项目。

3. 我能否这样认为：既然美元结余是我们唯一的流动储备金，那么将其削减至十亿美元的这种建议既不符合盟国待遇平等原则，也有悖于平均承担牺牲或分摊资源的理念。但我们既没有逃避责任，也没有贪图享受。在这场战役中，我们已经投入了所有可变卖的国外资产。而在盟国中，只有我们英国将在战后背负巨额外债。若为应急而用的最后一笔流动资金也消耗殆尽，后果将不堪设想。而在向议会提及此事时，我又该如何避免过度刺激公众的情绪？更何况此时正值英美两国为战争流血牺牲之际，这时哪怕战争提前一个月结束，其省下的军费也足以超过这笔储备金。

4. 为了让你全面了解我们的情况，我才冒昧向你提出上述见解，这也是出于我对你和全体美国人民的正义感坚信不疑。

5. 请看我随后的电报。

1944年3月9日

首相致罗斯福总统：

续前电，我已将英国美元结余问题悉数相告，但我想知道，你

是否认为我们应该做出相应安排，使我们的一部分结余淡出公众的视线？若是如此，那么等斯退丁纽斯访问英国时，我们将同他详谈此事。

收到你的电报后，我们才得知克劳利先生已于 3 月 8 日承诺，将英国现在和战争初期的美元储备金数量上报给国会。这一做法引起了重大危机。但我相信，如果将事情原委陈述清楚，我们是站得住脚的；若此事闹得人尽皆知，那么我们势必会在公众面前表明自己的合理立场。我们在美国以外的债务还在增加，此时若是披露这一外债所谓的数目，将对英镑地位和盟国的整体实力造成恶劣影响。因此，我们请求你们对此守口如瓶。若非透露不可，也希望你们能隐秘告知，并将实际情况向对方阐明。

1944 年 3 月 9 日

首相致军需大臣：

我得知，现在迫切需要滴滴涕这种新式杀虫剂，且需求量越来越大。请告诉我：这种产品的预计产量为多少，能否满足需求量；如果不能，你能否采取措施提高产量。尽早保证充足的供应量当为重中之重，尤其是对东南亚司令部而言。

请设法推进滴滴涕进行大规模生产。

1944 年 3 月 9 日

首相致罗斯福总统：

我将于今日派信使将一副碑文送往你处，这是我为哈里·霍普金斯牺牲的儿子所作。请将此转送至他疗养的地方，我不胜感激。哈里·霍普金斯术后恢复如何？

1944 年 3 月 10 日

首相致吉罗将军（阿尔及尔）：

得知你的女儿已经逝世，我表示深切慰问。她曾在突尼斯被捕，之后又和她的四个孩子一同被带到了德国。

1944 年 3 月 10 日

首相致达夫·库伯先生（阿尔及尔）：

　　请私下转告戴高乐将军，我支持勒克莱尔的师与我们在主战场并肩作战。在与艾森豪威尔将军会谈的过程中，我发现他也持相同观点。因此，我会尽力克服运输等方面的困难，对此我信心十足。

1944 年 3 月 10 日

首相致海军大臣和第一海务大臣：

　　请提交一份简短的报告，说明目前这批被俘的德国潜艇的特点和质量，并对比在战争关键时期被俘的其他潜艇。

1944 年 3 月 11 日

首相致外交大臣：

　　我认为在当前这一关键时期，将马利特调离斯德哥尔摩（瑞典首都）令人十分惋惜。我向来反对因军队的例行升职程序，而让一名已掌握大量特殊情报且正在执行某项明确任务的军人，离开他现有的职位或司令部。在战争时期，国家利益高于个人事业。一位大使要想站稳脚跟，需要大量时间。第一年，他也许还无多大用场。而第二年，他就能有效地发挥职能了。但往往在第三年，他就可能面临调职。因此，务必要将马利特留在斯德哥尔摩，以应对当地的复杂局势。我迫切希望瑞典最终能参战，我认为该国参战的可能性很大。

1944 年 3 月 11 日

首相致帝国总参谋长：

　　这次激烈的军演共造成三十人丧生，这是怎么回事？都有哪些部队遭遇了伤亡？这些人都应该奔赴战场或其他地方，而不是在演习中

丧生。一共有多少人参加了演习？

1944 年 3 月 13 日

首相致枢密院院长、财政大臣、工程与建筑大臣和卫生大臣：

昨日，比德尔·史密斯将军向我提到，美国军官入住英国公寓和小型住宅时，遭遇敲诈性收费。他称一间中户型的公寓每周租金为二十八英镑，而他入住的小型住宅却每周三十五英镑。我认为，美国人会心甘情愿地支付公正合理的住宿费，但我们不能容忍本国人对他们敲诈或牟取暴利的行为。

我不确定此事由谁负责，但请你关注此事并上报两点内容：第一，真实情况如何；第二，是否有补救措施。

1944 年 3 月 14 日

首相致空军参谋长和伊斯梅将军：

下令用低空机枪扫射意大利街道上的平民一事，由哪部分驻意空军负责？我充分理解轰炸罗马火车货运集结场地一事，但我相信上述激进事件并非英国空军所为。

请就此事向我提交一份专项报告。

1944 年 3 月 18 日

首相致罗斯福总统：

1. 我们在爱尔兰时一直听从格雷的指示，而且现在让德·瓦莱拉放心还为时尚早。因为这就好比一个医生告诉患者，他刚刚为该患者的神经疾病所开的药不过是加了颜料的水而已，这么做没多大意义。因此我认为，还是设下悬念让他们自行猜测更好。

2. 我建议不要禁止英国和爱尔兰之间必要的贸易往来，也不要禁止向爱尔兰运输物资。但我打算在启动"霸王"作战计划前，禁止舰只从爱尔兰驶往新加坡、葡萄牙及其他外国港口。要知道一艘舰只在起航时是朝着一个方向，但航行中是可以转向的。因此禁止舰只往来并非难事。此外，我们还应竭力拦截飞往国外的飞机。采取上述措施并非针对爱尔兰人，而是为了保护英美士兵的生命，以及防止都柏林的德国部长从海空两路派出密使，窃取我们的计划。自 1943 年初以来，只有十九艘爱尔兰舰只驶出该国港口，总共就只有几次，可见我们的措施并没有产生严重后果。同时，我们还要切断电话线路，严格禁止通信往来，并暂停使用英国—爱尔兰航线。我重申：我们采取的一切行动都是出于自卫，绝非恶意针对任何国家。

3. 然而，若是爱尔兰人采取损人不利己的行动报复我们，如停止提供福恩斯机场的便利设施，那么我将坚决阻断爱尔兰跨海峡贸易予以回击。鉴于他们可能又想出了新的报复行动，因此我们应考虑实施一系列报复性的经济措施，我会在行动前会同你们商讨这些措施。

4. 我认为不应解除德·瓦莱拉的警报，反而应该让恐慌心理发挥积极作用。如此一来，我们便可在幕后继续对爱尔兰采取强硬手段，以此避免信息泄露。到目前为止，保密工作做得还行。

5. 我认为，美国国务院不会不同意以上内容，因为赫尔先生在来信中写道："不过，我倒是认为，至少目前我们不应该向媒体透露任何消息，或向爱尔兰政府保证我们无意采取经济制裁的方式。"我希望你也能这样想。

1944 年 3 月 19 日

首相致伊斯梅将军，转参谋长委员会：

表面上，参谋长和总司令之间差别明显，实际上，二者大致相同。比方说，二者都是在办公室工作，都会定期视察前线战况，也都会遭遇空袭的危险。在很多情况下，二者间的相同点也确实适用于各集团军群司令官，甚至集团军司令官。如今军事作战策略的实施条件已经大不如前，因此，我们也不能说马歇尔将军不该接受苏联军的勋章。

1944 年 3 月 19 日

首相致海军大臣和第一海务大臣：

这是一场严重的灾难①。溺死的一千零五十五名受难者究竟是何人？他们所在的军队是运到国外的还是运回国内的？是英国军队还是美国军队？既然有一支这样的护舰队，为何不能多救一些人？

1944 年 3 月 19 日

首相致军事情报局局长：

你在此处为何一定要使用"intensive（加强的）"一词？"intense（强烈的）"才更为恰当。你应该看看福勒著的《现代英语应用词典》一书对这两个词的用法解释。

1944 年 3 月 19 日

首相致外交大臣：

我认为在战争年代，让一个熟悉自身工作且具有很大影响力的人离开原岗位，前往一个完全陌生的环境从头开始，是最没有远见的做法。听说你现在正打算调动两名大使。无论是从个人生涯还是历史长河来看，当前我们的确正处于非常时期。面临这一危机，我们唯一的使命便是竭诚为人民服务。

有影响力的大使都曾在原岗位任职已久。例如，麦斯基②就在英国工作了近十年，而德·斯塔埃尔先生已名留青史，我自儿时起便对他有印象。我还记得佐韦拉尔（葡萄牙大使）也在英国待了十五年，或许不止十五年。这种例子不胜枚举。

外交部一定反对这些大使长期任职，而"布金斯的轮流制"又影

---

① 指英国运输舰"赫迪夫·伊斯梅尔"号在一支护航队护送下从东非开往锡兰，于 2 月 12 日在阿杜岛附近被一艘日本潜艇用鱼雷击中，两分钟后即行沉没。该运输舰载有 1947 人，其中有英国、美国和非洲的部队及妇女服务团的成员。该日本潜艇不久即被英国驱逐舰击沉。

② 伊万·麦斯基，在苏联驻英大使馆任职 11 年，见证了东西方关系的风云变幻，麦斯基因此被誉为"最了解英国的苏联人之一"。——译者注

响广泛。我同意你将诺埃尔·查尔斯先生从里约热内卢调走，因为意大利确实亟须一名有能力的外交家。你曾亲口告诉我，巴西方面对这一调动有多么懊悔。当然，我不希望这种情况使得大使职位成为"普通职位"，我坚决反对将每一位大使都调往他完全陌生的岗位。根据多年经验，我认为一位大使的正常任期是六年，除非他能力不足或违背政府政策，否则短时间内不能将他召回。

1944 年 3 月 19 日

首相致下议院领袖和陆军大臣：

我认为，应在制定陆军年度议案时，趁机对我们的现行方案做如下修正：

1. 应明确规定，无论补选还是大选，都应向各级现役官兵提供一切便利条件，以便他们提名为选区候选人。

2. 除议会成员以外，任何党派的现役军官和士兵都不能参加政治游行或政治运动。他们可以出席会议，但不能在服役期间发表公众演说。

3. 对于参加补选的现役军人，应自其发表竞选演说或参加其他正式竞选活动之日起准假，其假期直至宣布选举结果，随后他的议员资格将开始生效。

4. 在战争结束之前，禁止正规军官作为选区候选人的规定将持续失效，而且在此期间，正规军官和"战时服役"人员将受到平等待遇。

5. 议会中的现役军人可自由在任何选区发表演说，而不是仅限于各自的选区。

请你协商以上所有要点，并同海军部、空军部人员进行讨论，同时这两个部门也必须遵照决议行事。

1944 年 3 月 29 日

1944 年 4 月

首相致石油大臣杰弗里·劳埃德先生：

我听说 3 月 18 日在菲斯克汤成功使用了驱雾装置，对此，我非常感兴趣。该装置将能见距离从二百码提高到一千五百码，因而五艘轰炸机得以顺利登陆。得知该装置性能突出，我颇为高兴。这对你和你的部门而言也是一份满意的回报。正是因为你们的努力，才使得这么多宝贵的生命和装备幸免于难。因此，我全力支持你继续发展这个项目。

1944 年 4 月 1 日

首相致彻韦尔勋爵：

请你统计并上报自意大利内战打响以来，我方人员的伤亡情况：首先是作战部队的数量，其次是伤亡和失踪人数的比例分析。要谨记，"失踪人员"包括自动投降的俘虏。失踪人数比例越低，我们的名声就越好。

1944 年 4 月 1 日

首相致伊斯梅将军，转总参谋长和副参谋长：

务必竭力部署英国的防空防御工事，以便为"霸王"作战计划的各港口提供必要支持。同时，你们也应负责向其他地方提供适当的安全保卫，但这些地区的安保程度要相对降低一点。我们都明白，无论我们开展什么行动，英国民众都将积极参与。

1944 年 4 月 2 日

首相致伊斯梅将军，转三军参谋长：

我认为，目前我们的毒气供应充足，可将这方面的人员定量裁减百分之四十，其中包括已经裁减的百分之十，也就是说，还需裁减至少百分之三十。请同军需大臣商议后提交你的意见。

1944 年 4 月 2 日

首相致陆军大臣和空军大臣：

据说，新式杀虫剂滴滴涕效果显著。由于生产这种杀虫剂还需一段时间，因此你们最好确认向军需大臣提出的需求量能否完全满足你们的需要，尤其是考虑亚洲战场的需要。

请上报目前的工作进展。

1944 年 4 月 2 日

首相致副首相：

如果（美军住房）租金不是太高，我深信比德尔·史密斯不会向我提及此事。一间中户型公寓每周租金二十八英镑，一栋小型住宅则每周三十五英镑，这显然十分不合理。也许波特尔勋爵会亲自调查这些事。不管怎样，如果他能同比德尔·史密斯将军取得联系，那我也算是尽了自己的微薄之力。

1944 年 4 月 2 日

首相致粮食大臣：

你做得不错。你打压了这些无用的检举（如检举面包商），并废除了各种挑剔、琐碎和自大的官僚主义条规，为此，大家都对你赞不绝口。往往一些政绩优秀的大部门，会因这些官僚主义条规而名誉受损。

1944 年 4 月 2 日

首相致工事大臣：

我同意你对我"紧急住房"一文提出的意见。请按照这些意见修改我的文件，然后打印样稿。

此外，我们务必要想一个比"prefabricated（预制的）"更好的词？你觉得"ready－made（现成的）"这个词怎么样？

1944 年 4 月 2 日

首相致内政大臣：

请你就法院至今仍沿用 1735 年的《巫术法案》① 进行说明，并提交一份报告。为了这场审讯，我们需要从朴次茅斯传唤证人，提供他们在人口稠密的伦敦生活两周的开销；记录员还要为这些陈腐的蠢事忙前忙后，为此而耽误了法院的必要工作，这得耗费多少国家经费？

1944 年 4 月 3 日

首相致蒙哥马利将军：

你曾于某晚向我提起第六警卫集团军坦克旅的事情。我已仔细斟酌此事，随时准备同你和陆军部商议。同时，我已表明不会采取任何行动解散这个旅。

1944 年 4 月 4 日

首相致陆军大臣和帝国总参谋长：

第六警卫集团军坦克旅已装备最新式的丘吉尔步兵坦克。该坦克旅一直坚持同一个目标进行了长达两年的训练。我认为，现在解散他们并将人员分配至普通的部队（特殊装甲师或警卫步兵或正规步兵），会造成严重损失。因此，在我们充分商讨此事之前，不得采取任何行动。

我想让警卫装甲师的两个旅和第六警卫集团军坦克旅（共三个旅）集体行动，然后再随着人员和车辆的损伤加以精简，直至其降为一个普通师的实力水平。希望你们能研究我的这一想法。因此，我们一开始就应建立一支实力更为雄厚的部队，从精心培育的人员中选拔人才，而不是浪费一部分人才并破坏辛苦建立的军队团结性。我相信你会支持我的这一想法。

1944 年 4 月 4 日

---

① 1735 年《巫术法案》，规定惩罚所有声称能召唤灵魂、预测未来以及施咒的巫师，并将他们当作无赖或骗子进行关押或罚款。该法案在英国一直沿用到 20 世纪，直到 1951 年被废除。——译者注

首相致陆军大臣和帝国总参谋长：

（并请蒙哥马利将军一阅）

我已仔细考虑你向我提出的几点意见。可我们为什么不用这些正规军填充警卫军，而非要裁减他们呢？苏联正采取这类做法，即大规模组建警卫师。德国也在加强这方面的实力，例如组建近卫装甲师，该师实际所需兵力少于步兵师；同时从机场和伞兵部队中召集大量意志坚定的青年人。这些特殊称谓定能够激发他们的团队精神。同时警卫军的战绩的确名副其实，这一点毋庸置疑。

……

因此，我希望用正规兵补充警卫集团军，并维持现有的警卫集团军，这不仅要靠警卫军本部的新兵来补充，必要时还得依靠正规兵的新兵。但这不会影响英国驻意大利那两个旅的合并，我已批准这一决定。

除了上述采用正规军补充警卫军的办法，还有以下几点：

1. 我同意精简六个低编制的师，并将剩余人员重组为两个骨干师。

2. 我不同意解散第六警卫军坦克旅。

3. 我支持解散第十装甲师的总部和部队，但保留该师的装甲旅。

4. 尽量将大批英国皇家空军人员调离飞机场，合并到陆军的步兵队伍。其中一部分可直接补充警卫军。我们应该从英国皇家空军抽调至少两万五千人。

1944 年 4 月 9 日

首相致国务大臣和亚历山大·卡多根爵士：

想必你还记得，我们正在肃清所有敌对分子，因为我们清楚他们并不效忠于我们或我们的事业；即使我们正同苏联展开合作，他们也经常向苏联泄密。法国民族解放委员会中有两名敌对分子，因此我们在向委员会传达机密时，须格外谨慎。

1944 年 4 月 13 日

首相致空军大臣和陆军大臣：

眼下，我方陆军人数骤减，因此我们须尽可能研究一切节省人力的策略。我认为，我们难以继续维持一支用于防守机场的特殊军队。当国家面临入侵危险、战斗机机场的安全关乎我们生存时，我们成立了英国皇家空军。此后，该空军的规模已经缩小，但如今到了要考虑是否应抽调大部分空军去填充陆军作战部队的时候了。请商讨上述这一提案，并加以研究。此外，大批英国皇家空军应被纳入陆军的正规步兵队伍中去。对此，我认为应至少抽调两万五千人。

事态紧急，希望你们能尽早给出明确提议。

1944 年 4 月 18 日

首相致陆军大臣和空军总参谋长：

我认为我们应该为马特尔提供一些帮助。我们不能因他在苏联战绩不佳就严加指责。苏联人将我们所有的士兵都当作狗。在法国阿尔芒蒂埃尔附近，马特尔曾率领他的坦克部队打了一场胜仗。他曾在战争爆发两年前访问苏联，而后便对苏联陆军作出了长远分析。虽然我就坦克一事与他意见不一，但我确定他是一名能力非凡的军官。因此，我们务必要为他提供一个岗位。你们打算如何处理此事？盼复。

1944 年 4 月 19 日

首相致亚历山大·卡多根爵士：

"无条件投降"

我已经向内阁指明，我们计划向德国提出的这些实际条款（如果具体列出的话），并不是向他们作出保证。德黑兰会议上，罗斯福总统和斯大林元帅都表示希望将德国瓜分成小块，比我想象的还要小。斯大林还谈到要处决五万多名德军参谋长和军事专家。我不确定他是在说笑还是认真的。会议的气氛虽愉快但也不失严肃。但斯大林确实说过，他需要四百万名德国男性无限期地从事苏联的重建工作。此外，我们已经向波兰军作出承诺：他们将从东普鲁士获得补偿，如果他们愿意的话，还可以延伸至奥德河沿线。另外，我们还制定了其他条款，旨在毁灭德国并无限期防止德国以军事强国的身份东山再起……

另一方面，两位领导人都清楚，我们是秉承着宽宏的态度对待意大利人提出的"无条件投降"。现在，我们也清楚如果罗马尼亚人投降将面临什么条件。

1944 年 4 月 19 日

首相致外交大臣和亚历山大·卡多根爵士：

促使苏联尽快对日宣战是我们最崇高的目标。想必你还记得斯大林在德黑兰会议上的宣言。苏联唯恐破坏 1941 年 4 月签订的《苏日中立条约》①，从这一角度看，我们无从得知该条约对我们有何"好处"。日本准备为该条约作出巨大让步，仅这一事实就表明了日本对这个条约的态度，以及他们希望苏联暂时遵守条约。对日本而言，这理所当然。但对我们又有何"好处"呢？

1944 年 4 月 23 日

首相致外交大臣：

1. 我同意你的备忘录中的内容（关于同德国谈判对被占国家的食品救济问题）。目前还没有涉及"见到敌舰就击沉的海域"的问题，这些海域是海军部为逐步推进作战行动而建立的。

2. 我们也不能根据我们不能接受的政策与瑞士或其他国家进行商谈。

3. 我们应明确规定，在对欧洲进行救济时，应保证本国人民的供

---

① 《苏日中立条约》，是第二次世界大战期间，苏联与日本于 1941 年 4 月 13 日签订的在战争中相互保证中立的条约，又称日苏中立条约、苏日互不侵犯条约、日苏互不侵犯条约。是在苏联为了避免东西两线作战、日本减少北方压力而实施南进战略的背景下，以牺牲中国的国家利益为前提签订的。——译者注

给达到美国设立的配给和口粮标准。

1944 年 4 月 29 日

首相致海军大臣和第一海务大臣：

尽管日本主力舰还在新加坡，但詹姆士·萨默维尔海军上将凭借他在沙璜（印度尼西亚）的精彩进攻，让我们信心倍增。我们究竟为何要调走他？

依我所见，詹姆士·萨默维尔海军上将熟悉战场、战略正确，同时又果敢有为。难道他想前往华盛顿，并放弃他的作战司令部？

1944 年 4 月 29 日

首相致粮食大臣：

你上交的报告未曾提到美国对肉类需求量过多的问题。你曾表示你会提出这一问题，所以我才同意暂不将此事告知美国总统。但据我所知，你部采取的方针是：如果美国能满足我们的需求，那么我们就同意他们向澳大利亚和新西兰提出的要求。但相关政府（包括我们自己的政府）要切实满足美国的需求量才行。

美国人现在一边浪费珍贵的肉类，一边抱怨澳大利亚军和新西兰军从前线撤兵，但澳大利亚人却无所顾忌地回击，称他们撤军是为了给美国陆军生产更多肉类。

除非你能给我满意的答复，否则我将致电美国总统。我本该在几周前致电于他。

1944 年 4 月 29 日

首相致彻韦尔勋爵：

在我批准海军部的文件（有关德国音响引炸鱼雷"蚊虫"）之前，请告知我，下列想法是否可行：

用深水炸弹发射管发射一个名为"鸣叫器"的装置。这种装置会停在其落下的位置（浮在水面或潜入水中），并发出"叫声"，或许能让它活动，以拦截"蚊虫"号鱼雷。如果根据对敌军袭击的恰当判断，在适当的时间发射十五或二十个这样的"鸣叫"装置，应该是可以吸引敌军上钩的。

另外，"鸣叫器"在危急关头会围绕在我方舰只附近。即使我方舰只触及"鸣叫器"也不会有任何损坏，还能有效保护舰尾。

上述想法是否有可取之处？

1944 年 4 月 30 日

1944 年 5 月

首相致外交大臣和霍利斯将军，转参谋长委员会：

我完全支持尽快派遣巴西师进驻意大利。由于战况紧急，我们应想方设法将该师运至意大利。我们没有什么象征性部队的说法。上述要求同样适用于空军中队。

1944 年 5 月 1 日

首相致外交大臣：

你应为内阁，或许还要为英帝国会议草拟一份文件，简要说明（这很重要）我们同苏联政府在意大利、罗马尼亚、保加利亚、南斯拉夫，尤其是希腊当前战事发展存在的严重分歧。请尽可能将上述内容整合在一页纸内。

大致来讲，分歧的源头在于：我们是否默认巴尔干地区，或许还有意大利的共产主义化？柯廷先生今日也谈及此事，大体而言，我认为我们应就此事得出一个明确结论；我们应该在军事行动允许的绝佳时机向他们坦率说明。当然，我们应事先同美国进行商讨。

1944 年 5 月 4 日

首相致外交大臣：

请你考虑召回驻莫斯科的英国大使前来商讨是否为明智之举？我

们希望能同他会谈，且当下此举能让我们同苏联保持良好距离。此外，艾夫里尔·哈里曼已启程返回美国。

1944 年 5 月 4 日

首相致伊斯梅将军：

我不赞成在重要战役前夕召开新闻发布会，即便不发表所谈内容也不行。一旦战争打响，各媒体就可以反复报道亚历山大将军主张的原则，参与报道的新闻记者也可以加入战斗。近日，来自那不勒斯的一些报道让我很是焦虑，其中一篇还刊登在《意大利晚邮报》上，其内容是说我们即将展开进攻。是否有必要向敌军透露这个消息？当然，敌军可能觉得我们这种做法太过愚蠢，认为这显然是一种掩饰，但我们也不能冒这个风险。

1944 年 5 月 7 日

首相致霍利斯将军：

根据我在直布罗陀会议上得知的消息，我强烈反对这些军事代表团前往阿尔及尔，而这些部队竟然在阿尔及尔聚集并安顿下来，这令我深感遗憾。他们的加入毫无意义，只会让更多冗杂人员潜藏于此，而且其中多数人已脱离实战。我当然希望这一问题能得以解决，让一些收入可观、技术超群且经验丰富的军官来完成一些实用的工作。最好是组建一个包括一千名参谋军官在内的神圣军团，并由该团率先发起激烈进攻，以此为各部队树立榜样。无论如何，我们都应解散这些代表团。

1944 年 5 月 7 日

首相致军事情报局局长：

请作一份详尽的报表，统计各国（包括德国）在意大利牺牲、受伤和被俘的人员数量，并分别列出：1. 牺牲和失踪人数的比例；2. 牺牲、受伤和失踪人数的比例。我方牺牲、受伤及被俘人员共计三万八千人；但我方共俘虏敌军三万五千人，连同消灭的两万人共计五万五千人。因此敌军共损失五万五千人，我方为三万八千人，其中一万九千人牺牲。这些数据来自敌军数量少于我军的前线战区。我认为最终统计结果应该非常令人满意，尽管总体上我方牺牲人数和失踪人数的比例不如美方的比例可观。

1944 年 5 月 7 日

首相致外交大臣：

克拉克·克尔大使在莫斯科的办事方针让我困惑不已。他似乎经常将电报和信件亲自交给莫洛托夫和斯大林，而且是遇见谁就交给谁，如果有时两位领导人外出或不愿接见，他甚至还会等上几天。现在，确实有些电报需要他本人亲自递送，但其他电报难道就不能派一名军官递送吗？我希望你能对此提出恰当的处理方法。我认为当我们递送了一封措辞强硬的信件时，最好不要让我们自己的人等在那里，因为他不仅要听对方的威吓，有时还需要向对方表达歉意，而这样一来就削弱了我们接下来说话的气势。

1944 年 5 月 7 日

首相致掌玺大臣：

我们在退出保卫印度战役后将欠其一大笔债。我想你一定没有调查此事带来的重大后果。这笔债比我们上次战役后欠美国的债务还要多，但你的报告似乎并没有将这些严重后果考虑在内。

1944 年 5 月 7 日

首相致海军大臣：

感谢你于 4 月 5 日提交的有关"蚊虫"号装置的报告。我认为如果利用深水炸弹发射管或其他发射管，在恰当时间发射十五或二十个发音装置（或称为"鸣叫器"），那么他们应该能吸引和转移这些"蚊虫"装置。

这将有利于我们弥补"猎狐者"装置的不足，例如需要使用拖曳设备等。

得知你正考虑和处理以上问题，我很高兴，同时我希望你能尽快将这些"鸣叫器"投入作战。

1944 年 5 月 10 日

首相致波特尔勋爵：

时隔上次我请求你提供更多预制构件的样板房已有数月[①]。我听闻，制造一间样板房耗时六周；除了塔特美术馆的样板房外，另一个也已经完成并正被送往苏格兰展览，其他两个在经过各种改装后也将在短时间内竣工。尽管没有达到我预期的数量，但我还是很高兴听到以上消息。你一定要借机向所有劳动妇女和各阶层人士展示你的样板房。请你敦促相关人员加快建造那些正在施工的房子。

1944 年 5 月 14 日

首相致空军大臣：

你曾受命从皇家空军团抽调两万五千人[②]，该空军团的组建环境和现在大不相同。目前陆军急需这批人的支援，以此应对即将打响的战役。我很想尽早就此事同你进行详细讨论，但我本周三必须在下议院发表讲话，所以在此之前都抽不出时间。同时，我曾要求你提供两千名优秀士兵填充警卫军。让他们在警卫军服役，总好过在危机早已解除的机场附近无所事事地晃荡。请你务必答应这一请求，否则，该问题将被提交至内阁下周二的特殊会议，并将即刻做出决定。但我必须明确表示，这并不妨碍为抽调必要人员而建立的委员会向你提出进一步要求。

　……

---

① 参阅 4 月 2 日致工程大臣备忘录。
② 参阅 4 月 9 日备忘录。

2. 陆军已从其防空团中挑选了大量适合充当步兵的人员，在战争现阶段，让皇家空军团里的大量顶尖人才担任如此被动的任务是非常错误的做法。

3. 调动士兵方面完全没有问题。例如在去年年底，我们亟须登陆艇的配备人员时，就从陆军和皇家空军团中调动士兵充当海军，这充分说明了这一点。我相信很多人是自愿参加的，但近来大家都充分认识到，必须把人员派往最能发挥其个人实力的岗位。

4. 因此，鉴于目前时间紧迫并且需求甚紧，我请求你协助我完成调动这两千人的任务。

1944 年 5 月 20 日

首相致帝国总参谋长：

我们获悉第一波兰装甲师不能执行任务，原因是维持该师的后勤队伍不足，情况是否属实？当然，我们可以进行适当调整，利用其增强我们在欧洲大陆过于薄弱的军力。请让我了解后勤不足这一情况。

1944 年 5 月 21 日

首相致生产大臣：

感谢你于 5 月 11 日提交的有关盘尼西林的备忘录。请尽一切努力从美国获取大量配给，并排除万难提升我们自身的产量。但今年我们似乎不能生产大量的盘尼西林。

1944 年 5 月 21 日

首相致桑兹先生：

请阅读这份报告（奥康纳上将关于"克伦威尔"式坦克的装甲护板和逃脱装置的报告），并以书面形式提出你的看法。我曾有这样的想法：如果坦克上层隔间的线状无烟火药或石油着火，那么下层的人就极难逃脱。也许你能排除这一隐患，为我解忧。

1944 年 5 月 21 日

首相致外交大臣：

据说在外交部的备忘录中，如果你连续阅读偶数段落和奇数段落，你将完全理解相关事情的正反两面。如果我们向美苏两国表示，"现阶段，我们不赞成给予意大利盟国的身份"，又有何不可？

……

2. 我已读完这份电报。对于各种方法，这份电报表明了其同意或是反对的观点，并得出极具争议又出人意料的结论，即"一旦条件允许，我们应立即同意大利缔结部分和约"。这似乎表明了在希特勒下台之后，即使各国首脑一同会谈，也不会缔结任何和约，而是采取延长停战协定的做法。

3. 我想你定会发现，言简意赅地表明我们的立场将更有分量，也更容易传达给最高领导人。请同我商议此事，若你我二人意见不一，则更需要会谈。

1944 年 5 月 22 日

首相致外交大臣、军事运输大臣、生产大臣和粮食大臣：

一切问题（即为"霸王"作战计划削减进口量）交由莱瑟斯勋爵和艾森豪威尔将军商议处理，但我已表示在接下来的四个月中，我方可再牺牲五十万吨的进口量，前提是美国保证在随后的两三个月内能弥补这个量。此外，每年两千四百万吨的进口量绝对是我们的最低限度。

1944 年 5 月 23 日

首相致外交大臣：

我从其中一份文件中得知，苏联准备承认法国临时政府。我已批准你向克拉克·克尔爵士发送电报。这封电报也许还没有送至斯大林处，但此事至关重要，因为我绝不能在这个问题上背离罗斯福总统，让他以为我站在苏联阵营来对抗他。如果我们揭露苏联未就此事与我们进行商讨，而我们正同美国展开讨论，这将会产生非常糟糕的影响。

但即便如此，也好过联手苏联来对抗罗斯福总统。事实上，我本可对此事置之不理。苏联未同英美两盟国进行商讨，则无权采取这一行动，因为一直以来，都是英美两国负责西线作战的全部任务。

1944 年 5 月 23 日

首相致伊斯梅将军，转参谋长委员会：

　　显然，大英帝国应向收复的失地派遣守军。如果用"师"这一含糊不清的概念来表示守军的数量，那问题就有点棘手。一旦赶走敌军，我们就需要根据相关地区的特殊情况，酌情派出营和装甲车连，再间或分配一些大炮和坦克。此外，我们还必须从印度调回部队前来完成该任务。

　　"师"是能从事各类最高规格军事作战的运动实体。它不同于镇压动乱国家的某种静止或机动警察部队。因为这些部队通常混杂了大量本地人，而且他们无须考虑一次性动用七十门大炮作战的问题。

1944 年 5 月 25 日

首相致外交大臣：

　　据我所知，就动用武力遏制战争而言，这三大国或四大国将成为整个体系的受托人或指导委员会；但我认为应由更大的体系或者能发挥作用的体系来处理经济方面的问题。你应该明确表示，我们不打算让这三大国或四大国统治世界，他们的胜利只是能为避免世界爆发更多战争这一崇高目标派上用场。当然，我们也不准备遵从由苏联或美国所制定的经济、财政和货币体系。

　　世界最高理事会或执行委员会的目的不在于统治各国，而是为了防止各国分崩离析。我认为从国家主权的受损情况的角度出发，是能够强烈捍卫上述宗旨的。

1944 年 5 月 25 日

首相致粮食大臣：

　　听闻你谈及关于改善食物配给事宜，我感到非常高兴，而且我认

为你的所作所为非常明智。无论是在酒店、小商店还是普通人的个人
生活中，都应设法解决因琐事引起的麻烦，而不应挑起任何争端。英
国的粮食配给这一伟大的工程让我们增添了许多信心，并且摒弃了阶
级观念。因此，该工程不应受到这些琐碎无用、推行困难的规定的阻
碍。请就此事发表你的看法。

1944 年 5 月 26 日

首相致外交大臣：

　　我已将经我二人同意的重要电报发给斯大林，但遗憾的是未能尽
快送达。如果大使认为这封电报极为不妥，那他可以借机提醒我们，
并在特殊情况下行使职权。但我们也没有必要为等待斯大林接见大使
或等他从前线返回，而将电报搁置在莫斯科达四至六天之久。派一名
身着制服的军官以信件的形式递送这封电报，应该更为容易。

　　有时，发出电报之后漫长的等待期往往容易滋生误解。尽管之后
的复电内容令人满意，但人们仍会往坏处猜想对方沉默的含义。因此，
绝不能耽搁信件的及时递送。

1944 年 5 月 27 日

首相致帝国总参谋长：

　　无论如何都不能让波兰师撤出战线。这不仅是因为波兰师作战出
色，其赫赫战功更是有助波兰国魂长存，往后诸多事宜都有赖于此。
请列一份清单，载明该师缺乏的后勤项目，包括车辆、军官和人员等
方面的数量。

　　附：比德尔·史密斯将军称，他可从非洲和美国空运一些分遣队
支援该师。

1944 年 5 月 27 日

首相致飞机生产大臣：

热烈祝贺"德·哈维兰①"喷气式飞机创造了每小时五百零六英里的飞行纪录。请向相关部门传达这份祝贺。

听闻你打算在政府新设的公司里大量生产喷气推进式飞机，这让我有些担忧。大家对此议论纷纷，都认为应多方面开展研发工作，而不是孤注一掷。因诸多因素延误了喷气推进式飞机的生产，致使你考虑建立新机构，对此我也理解。但将喷气推进式飞机的研发工作移出法恩巴勒，是否明智？据我了解，该地区的大量实干工作已经结束，且很容易联合开展引擎和飞机的研发工作。

1944 年 5 月 27 日

首相致燃料及动力大臣：

希望你能中止这类荒唐之事。据《约克郡邮报》报道，一家户主因向邻居借煤球而被罚款一英镑，另外还得付两基尼②的买煤费。这种琐碎荒唐的官僚主义作风时常出现，且最能使政府部门不得人心，而且我担心这类由低级官员或委员会所做的愚蠢之举多不胜数，这只是其中一个典型事例。

请对相关人员进行处罚，以儆效尤。

1944 年 5 月 27 日

首相致海军大臣及第一海务大臣：

若苏联人过分挑衅，大可同他们直接摊牌。我们从举止和态度表明立场确实比实际言辞更为恰当，因为后者可能会被报道；若苏联高级人员咄咄逼人，我们便以无礼的态度回击。这样一来，他们就会切

---

① 德·哈维兰，英国飞机设计师、制造家。第一次世界大战期间为飞机制造公司的总设计师和试飞员。第二次世界大战期间，生产多种高速飞机，其中最著名的是蚊式双发动机飞机。——译者注

② 基尼，是英国第一批机器生产的旧时货币，发行期限为 1663 年至 1814 年。后因黄金价格上涨而逐渐成为收藏品。1 基尼约等于 25 盎司的黄金。——译者注

实感受到我们并不惧怕他们。

……

2. 另一方面，在交接这批舰只时（代替意大利战舰的英国战舰），苏联希望以最正规的形式举行交接仪式，让胜利的消息广为人知。我必定不会就此事致电斯大林元帅，因为苏联应就此事向我们致谢，而非我们向其表示敬意。此外，我们应发展两国低级官员之间的友好关系。但在交接舰只方面，苏联并没有向我们表达任何感激之情，尽管我们是满足他们运输要求的主要国家。一旦受人侮辱，你有千万种方法向其表达愤怒。

3. 但是，如果苏联的所作所为有所改善，你应尽力鼓励他们表现得更加友善。

1944 年 5 月 28 日

首相致盟国远征军副最高统帅：

感谢你于 5 月 11 日上交的关于梅里—勒—堪普（德国坦克训练场）的备忘录。对这一密集目标的袭击无疑是一次巨大的胜利。我们也极力主张继续优先展开这类作战，目前看来这种主张是正确的。因为这将直接有利于德军的瓦解，并避免法国的人员伤亡。

你是否已经超过了一万人（法国平民伤亡人数）的底线？

1944 年 5 月 29 日

附录（2）

莫斯利夫妇的释放
宪法问题

我们在开罗和德黑兰参加会议期间，一个有重大宪法意义的内政问题摆在我们面前，并自10月初以来一直没有得到解决。为不影响正文，我在此对其进行叙述。

首相致内阁大臣：

请将医疗委员对奥斯瓦德·莫斯利爵士的健康状况所作的报告告诉我。我曾私下收到一些关于他病情严重的报告，当然这并非出自官方。

莫里森先生的病情报告证实了这一消息，而且他决定释放奥斯瓦德爵士和他的妻子。我想这定将引发争议。

1943年10月6日

首相致内政大臣：

我觉得有人会就释放莫斯利夫妇一事对你产生怀疑。想必你是站在健康和人道主义的高度处理这一问题的。你不妨考虑一下，能否以"人身保护令"和陪审制为依托，因为这是英国人为平民免受政府迫害所创造的最高保障。政府行政机构不依法判罪而将人打入监狱，尤其是无限期否决与犯人同等身份的人为其辩护，这让人憎恶至极。这

种权力也是所有集权政府的源头，无论是纳粹政府还是其他敌对政府都是如此。只有当国家面临极度危险之时，行政部门才能暂时行使这种权力；即使如此，这种权力的实施也必须经过"奉行自由的议会"以极其慎重的态度对其进行阐释。危机解除之后，若是法庭无法审理那些因此被监禁的人，便可像你那样，对其释放。议会在危急关头同意行政部门行使的这种特殊权利，也应随着危机的解除而终止。对民主制度而言，因不欣赏某个人便将其拘留或监禁的行为的确可恶至极。但这的确是文明的试金石。

对于你建议采取的这一步骤，内阁大臣们对其看法不一，尽管我本应从原则上解决这一问题，而不是将其作为特殊案例，但我还是向内阁大臣保证，我定会全力支持他们。

1943 年 11 月 21 日

首相（开罗）致内政大臣：

我认为，应彻底废除第十八条第二款法规，因为不能再以国家出现危机为理由，剥夺"人身保护令"和陪审制赋予的权力，不知是否会有人强烈抵制这一点。当然，会有一些集体主义倾向的人意欲仅凭一纸拘票就将其政敌送入牢房，但我觉得这一类人应该不多。我已在议会中多次表示，我厌恶这些特权，而且我希望这类权力会因战争胜利和国家安全而被废止。但眼下我并不坚持这一观点，因为它有悖于你采取的方针。

若因秉持公正与人道主义精神行使职权而让你不得人心，数月之后公众定会对你表示敬意。

1943 年 11 月 25 日

首相（开罗）致副首相及内政大臣：

若就废除第十八条第二款法规的修正案进行演说引发争议，那我坚决主张采用下列说法：我们完全承认，这种权力有悖于英国公共生活精神和英国历史，但我们有责任行使这种权利，对此我们深感抱歉。

在国家面临危难之时，议会授予我们这种权力，我们应秉承国家原则和人道主义精神来行使这一权利。但我们一直都希望行政部门能将这种权力归还议会。由于我们大获全胜，且国家处境更为安全，因此政府更加希望能舍弃这些特权。但全面废除这一权利的绝佳时机尚未来临，我们可以拭目以待。

我们绝不应该鼓励集权主义者的这种想法，即行政部门有权监禁其政敌或不欣赏的人。根据"人身保护令"以及陪审员依法起诉案件，这是英国人民的基本权利。人们应接受彻底恢复这一权利的决定。我必须提醒你们，若因内政部想以特殊手段控制少数人而违背这些总原则，这将成为我们与具有集权主义思想的人产生严重分歧的根源。在这样一场争论中，我确定我能得到下议院和全国绝大多数人的支持。不管怎样，我都会一试。我认为，你们当下的万全之策便是指出这种权力是强加于你们的，并表示歉意，同时表明你秉持极其谨慎的态度和人道主义精神行使这种权利的决心。请你们务必要站在这一高度。

这时，艾德礼先生向我报告，他说内阁决定支持内政大臣释放莫斯利夫妇。但据我所知，这在议会中引起一片哗然，有相当多的人反对这一做法。

1943 年 11 月 25 日

首相（德黑兰）致内政大臣：

鉴于你得到了内阁和我这个首相的支持，因此，你除了坚持到底之外别无他选。而当你直面争议时，无疑会得到绝大多数人的支持。

对于第十八条第二款法规这个一般性问题，你不必急于求成。不过，我建议你表明自己对这一权力的反感，并表明你是因国家危急而被迫行使这一权力以及你的歉意，同时还应表明你渴望一切回到正轨的心情。这才是一位民主国家的大臣应持的态度。

你在这场充满危机的暴风雨中坚强不屈、英勇抗争，并使这场风雨安然平息。而那些不愿落得骂名、不敢公然对抗公众舆论的人，不

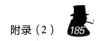

配在艰难时期担任大臣这一职位。

1943 年 11 月 29 日

首相（德黑兰）致内政大臣：

祝贺你得到下议院强有力的支持。你在履行自己极为艰难而又不得人心的职责时，仍坚持无畏精神和人道主义，不列颠民族将会对你致以敬意。

1943 年 12 月 2 日